Prevención de Recaídas

Un cuaderno para el Autodescubrimiento

Rui M. Lima, MA, MSW, LICSW

2017

Un Cuaderno para el Autodescubrimiento

DEDICATORIA

Este libro está dedicado a la gente que lucha y se pierde en el laberinto de la adicción, a la gente que tuvo el coraje, la determinación, la perseverancia y la actitud para descubrir de nuevo su fortaleza interior y encontrar la manera de dejar la adicción detrás y apreciar su recuperación, así como a sus familias.

RUI M. LIMA, MA, MSW, LICSW

ACERCA DEL AUTOR

El cuaderno de Autodescubrimiento para la Prevención de Recaídas está diseñado como una herramienta para descubrir la dinámica de tu ser interior explorando tu mente y fomentando el proceso de tomar consciencia de uno mismo, perspicacia, esperanza, curación y transformación.

Vas a desafiar tus sentimientos naturales, inclinaciones, temperamento, afectos, costumbres, sistema de creencias, disposiciones morales, comportamientos impulsivos arriesgados, pensamientos y acciones adictivos y obsesiones y compulsiones tediosas. La recuperación es posible con el conocimiento, apoyo y recursos adecuados. Permanecerás sobrio y te concentrarás en tu recuperación. Tienes que decidirte.

He aprendido que la consciencia de uno mismo y el crecimiento como persona conlleva una sensación de identidad, poder personal, creatividad y un propósito más grande. El objetivo de este cuaderno es guiarte para que encuentres tus fuerzas a través de tu propio autodescubrimiento, desde tu niñez hasta el presente y revelar componentes fundamentales que te ayudarán a recuperarte. Conquistarás los desafíos que te presenta la vida. Tienes el poder dentro de ti para convertirte en una versión mucho mejor y más feliz de ti mismo. Muy dentro de ti encontrarás la determinación y el coraje para liberarte del vacío y el dolor y te convertirás en la persona que eres de verdad. Comprenderás cómo las circunstancias afectan el comportamiento y el poder que tienen tus motivaciones internas para hacerte lo que eres hoy. Tu capacidad de aprender cambiará a medida que te esfuerces para desafiarte a ti mismo. Te darás cuenta de que el fracaso no es una condición permanente, sino una oportunidad para aprender y volver a empezar con la experiencia, conocimiento y lecciones aprendidas. Tendrás éxito y te recuperarás de tu adicción permanentemente. Tu perseverancia dictará tus logros y medirá tu éxito. Para llevarte a ti mismo a los extremos de tu propósito y al gran significado de la vida tienes que controlar tu mente. Levántate y persigue tus objetivos a corto y a largo plazo con intensidad y determinación. El poder de tu cerebro está adormecido. Despiértalo y deja de sabotear lo mejor de ti. Cree, acepta tus fuerzas y sigue adelante con tu vida.

Tú eres la fuerza que te mueve. Tú eres tu propio rescate. Tu coraje, esperanza, paciencia, consciencia, experiencia, fe, compasión y determinación te ayudarán a descubrir lo mejor de ti mismo. Puedes recuperarte y te recuperarás.

Poseo un título de Masters de Arte en Asesoramiento para la Rehabilitación de la Universidad Assumption y un título de Masters de Trabajo Social de la Universidad Estatal de Bridgwater. Soy un Trabajador Social Clínico Independiente Licenciado en los estados de Massachusetts y Rhode Island. Mi experiencia como psicoterapeuta incluye el uso de conciencia plena y psicoterapia ecléctica para tratar fluctuaciones del ánimo, abuso de sustancias, adicciones y sentimientos de insatisfacción con uno mismo, con relaciones personales y con el trabajo. Me siento privilegiado de poder escribir este cuaderno. Espero que pueda ayudarte a comprender lo preciosa que es la vida sin adicciones. Muchas gracias.

Contenido

Gráfico diseñado por Sidney W. Lima

SÉ

Sé dispuesto a aprender más	Sé cariñoso y amable	Libera tu mente de las preocupaciones
Sé solidario	Libera tu corazón del odio	Sé disciplinado
Sé agradecido	Sé responsable	Busca tu ser interior auténtico
Encuentra el equilibrio	Sé siempre una fuerza positiva	
Acepta el cambio	Sé responsable	Mantén las cosas simples
Vive sencillamente	Sé resistente	Sé cariñoso y amable
	Involúcrate	
Sé divertido	Sé honesto	Ten compasión
Decide bien	Sé motivado	Piensa con más sabiduría
Sé creativo	Conoce el universo	Sé bueno
Ten empatía	Conecta con tu ser interior	Sé amado
Sé confiado	Sé lo mejor que hay en ti	Sé libre
Sé flexible	Siéntete vivo	
	Encuentra paz y amor	
_______________	Sé positivo	_______________
	Acepta menos	
_______________	Da más	_______________
	Celebra la vida	
_______________		_______________

____

____

INTRODUCCIÓN AL CUADERNO PARA LA PREVENCIÓN DE RECAÍDAS

¿Qué es la prevención de recaídas?

La prevención de recaídas es el término que se usa para describir una manera de identificar pensamientos perjudiciales, sentimientos, comportamientos impulsivos de alto riesgo, situaciones, lugares, gente y eventos que pueden causar una recaída emocional, mental o los daños de suceder de nuevo. Una recaída causará ciertamente angustia a una persona y dificultará su funcionamiento. Un lapso es un fallo pequeño de pensamiento o de comportamiento y hay que reconocerlo, discutirlo, desafiarlo y resolverlo.

Vas a desarrollar tus propias estrategias para prevenir recaídas y reforzar tu bienestar emocional y físico descubriendo tus fuerzas interiores e interpretando el impacto de los eventos en tu vida. Entenderás y aceptarás que la adicción hizo que tu vida fuera incontrolable. La manera en que manejes las dificultades y las oportunidades que se presenten determinarán tu futuro. Tus problemas con la adicción acabarán una vez que te recuperes con éxito y tu viaje por la vida estará repleto de decisiones y caminos sanos.

La gente que sufre adicciones se siente sola a menudo. Descubrirás la persona que eras, la persona que eres y la persona que quieres ser, sin soledad ni adicción. Descubrirás tus pensamientos más profundos, identificarás trampas, provocaciones, deseos y tentaciones y darás estructura a tu sistema de creencias. Descubrirás lo mejor de ti mismo y reconocerás tus fuerzas más profundas y lo que realmente quieres de la vida. Alcanzarás tu potencial pleno como ser humano y tendrás un efecto positivo en ti mismo y en otros.

La adicción puede describirse como la manera primitiva de buscar la felicidad delirante. Perdemos nuestra conciencia auténtica cuando no tenemos consciencia e intentamos ocultar eventos terribles y traumáticos, abandono, situaciones, pensamientos y comportamientos. Luego sentimos conflictos internos, dolor, ansiedad y depresión, lo cual nos impide alcanzar nuestro potencial pleno como seres humanos. Estas condiciones nos desviarán de nuestro verdadero camino y propósito en la vida y hará que nos integremos falsamente con comportamientos adictivos compulsivos y con obsesiones.

Los pensamientos, comportamientos y actitudes contraproducentes y autodestructivos son los síntomas de un problema que puede determinar nuestro futuro. Para poder detener los pensamientos y los comportamientos de alto riesgo, tenemos que primero reconocerlos como perjudiciales tanto para nosotros mismos como para otros así como identificar el caos y el daño que han causado. Sin duda alguna, la adicción cambia la manera en la que pensamos, sentimos y nos comportamos. Hemos progresado mucho en nuestro camino hacia la recuperación para volver ahora a caer en la adicción como si no tuviéramos más remedio. Debemos decidirnos a amarnos a nosotros mismos y encontrar la manera de escapar de la adicción. Debemos decidirnos a incrementar la autoestima, el autocuidado, la autoconsciencia, la Auto-responsabilidad, la autohonestidad, la autodeterminación, el autocompromiso, la automotivación, la autoconfianza, la autodisciplina, el autofortalecimiento, la autodependencia, el autovalor así como identificar y usar nuestros recursos sanos y sistema de apoyo.

La mejor forma de usar este cuaderno es con un psicoterapeuta o en grupo.

TÚ

La gente sufre debido a la adicción. La gente pierde su salud, sus riquezas, su familia, sus relaciones, sus seres queridos, su propio sentido de sí mismos, su propósito en la vida e incluso sus vidas debido a la adicción. La adicción lo roba todo de la gente. ¿Por qué la gente sufre tanto? ¿Por qué la gente se automedica con adicciones? ¿Por qué la gente llena el vacío que sienten con adicciones?

Por favor, describe todo lo que sepas de ti mismo desde que naciste hasta el presente y cómo la adicción interfirió con tu felicidad. Incluye tus interacciones con amigos de la niñez, la dinámica familiar, los encuentros en la escuela, relaciones románticas, entorno laboral, actividades legales e ilegales, eventos que te llevaron a tener problemas con la ley y comportamientos que condujeron a un estilo de vida caótico. Incluye también otras experiencias y eventos que *moldearon* la persona que eres hoy. Por favor, escribe acerca de quién, cuándo, dónde, por qué y cómo empezaste a tomar drogas y alcohol. Es importante que seas sincero con tus comentarios, opiniones y observaciones. Tu memoria te ayudará a comprender el origen de tu adicción.

AUTODESCUBRIMIENTO

¿Cuánto te quieres a ti mismo? Por favor, dibuja un círculo alrededor de un número

0	1	2	3	4	5	6	7	8	9	10	+

No me quiero   Me quiero muchísimo

Debemos amar lo que Somos en Realidad aplicando lo que se conoce como ciertamente beneficioso para lo que Somos Interiormente. Debemos comprender y enriquecer lo siguiente:

- **Autoentendimiento** (necesidades, propósitos, objetivos)
- **Autocuidado** (cuerpo, mente, emocionalmente, espiritualmente)
- **Autoconsciencia** (pasada y presente)
- **Autodirección** (motivación, dirección positiva)
- **Autocompromiso** (contrato, promesa)
- **Autocambio** (coraje, determinación, posesión)
- **Auto-responsabilidad** (justicia, moralidad, integridad)
- **Autoamor** (incondicionalmente)
- **Auto-obligación** (sin miedo, honestamente)
- **Autoflexibilidad** (posible, fiable)
- **Autopercepción** (visionario, despierto)
- **Autodescubrimiento** (buscando, esperanza)
- **Automotivación** (genuina, entusiasmo)
- **Autodisciplina** (control, felicidad)
- **Autofortalecimiento** (fuerza interior, energía)
- **Autoestima** (capacidad, creencia)
- **Autodependencia** (confianza, impulso)
- **Autoaceptación** (consciencia de la fuerza, felicidad)
- **Autovalor** (valor, respeto)
- **Autorrealización** (________________________________)
- **Autocuración** (________________________________)
- **Autoactualización** (________________________________)

Cuando nos concentramos en lo que somos interiormente y en lo que tenemos fuerza, nos hacemos emocionalmente más sanos. La persistencia, perseverancia, determinación, integridad, honestidad y autolealtad medirán nuestro compromiso a recuperarnos. A veces las demandas de repeticiones, fallos, muerte de un amigo o familiar, estilo de vida incontrolable, experiencias dolorosas, pensamientos imprudentes, relaciones abusivas y comportamientos arriesgados impulsivos nos llevan al camino de la recuperación. Debemos apreciar la aceptación, responsabilidad y autodisciplina para empezar a comprender los aspectos autodestructivos de nuestras vidas. El caos de la adicción y autodestrucción es auténtico. Somos los pilotos y comandantes de nuestras vidas. Por lo tanto, no hay nadie que pueda reconocer lo que necesitamos mejor que nosotros mismos. Debemos pasar por el proceso de autodescubrimiento y aplicar lo que aprendimos. Tenemos dentro de nosotros todas las herramientas necesarias para ser feliz. Debemos recordar que nada cambia hasta que algo cambie. Somos nuestro propio rescate.

Sé la energía positiva que te conecta al universo.

Para poder permanecer sin pensamientos y comportamientos autodestructivos, debemos descubrirnos a nosotros mismos y adquirir un conocimiento completo sobre nosotros mismos. Debemos buscar nuestro ***manual de guía*** y hacernos cargo de nuestros deseos. Debemos comprender las raíces de nuestro sufrimiento e identificar aquello en lo que somos fuertes. Debemos comprender, creer e integrar en nuestro sentido de ser humanos el propósito más alto de nuestras vidas.

Por favor, marca con una √ lo que es más importante para ti:

Relaciones	Fuerza	Cultura	Honestidad	Creatividad
Universo	Ser Interior	Razón	Forma física	Medios
Intimidad	Datos	Introvertido	Salud	Viajar
Ocio	Naturaleza	Tímido	Apariencia	Drogas
Independencia	Educación	Fiable	Control	Virtud
Dinero	Más joven	Aceptación	Religión	Imagen
Arte	Sugerencias	Amor	Felicidad	Sexualidad
Internet	Relacionarse	Imposible	Riesgo	Ejercicio
Espacio	Madre	Sincero	Diversión	Entrenar
Consciencia	Anhelos	Místico	Jugar	Motivación
Crecimiento	Vida	Capaz	Humor	Flexibilidad
Rigidez	Franqueza	Auténtico	Familia	Transporte
Energía	Valores	Violencia	Amigos	Refugio
Aceptación	Ética	Experiencia	Obligaciones	Comida
Talentos	Teorías	Lucrativo	Trabajo	Aficiones
Morales	Oculto	Oficina	Sexo	Tiempo
Garantía	Oxígeno	Exclusividad	Raza	Fe
Necesidades	Confianza	Gafas de Sol	Género	Autocontrol
Tiempo	Habilidades	Hoy	Cosas	Alcohol
Gente	Blandura	Ambición	Lugares	Ropa
Nada	Soledad	Objetivos	Muerte	Mañana

Por favor, añada

Responsabilidad	Otro:_________________________	
Obligación	Otro:_________________________	
Autodeterminación	Otro:_________________________	
Autoactualización	Otro:_________________________	
Escuela	Otro:_________________________	
Pareja	Otro:_________________________	
Extraños	Otro:_________________________	
Facilidad de palabra	Otro:_________________________	

<h1 style="text-align:center">EL CAMINO DE LA ADICCIÓN NO ES TU DESTINO</h1>

El camino de la adicción y de la autodestrucción no es tu destino. No es tu camino. ¡Es una TRAMPA! Sal del abismo adictivo y encuentra de nuevo tu Verdadero Ser.

Aceptación, el acto de perdonar, coraje, sabiduría, fe, esperanza y consciencia son algunos de los muchos elementos que pueden liberarte de la prisión de la adicción. Libérate a ti mismo y disfruta de la velocidad de nuevo. Es TU decisión. La decisión correcta es la recuperación.

1. <u>¿Quién eres?</u>

Nombre: ____ Edad: _______________

Género: _____________ Fecha de Nacimiento______________SSN: _______________

Altura: _____________ Peso: _________

<u>Grupo Étnico:</u>

1. Africano Americano / Negro ____   2.Azoreño____   4. Francés____ 5.Alemán____

6. Hispano / Latino____   7.Italiano____   8.Americano Nativo____   9. Portugués____

10. Otro: _____________________________

<u>Raza:</u>

1. Indio Americano/Americano Nativo__   2. Africano Americano/Negro __   3.Asiático_

3. Caucasiano Blanco_____   4.Biracial: ________________________________

5. Otro: ____

<u>Orientación Sexual:</u>

( ) Heterosexual ( ) Bisexual ( ) Homosexual ( ) Transgénero ( ) Pan-sexual

( ) Otro: _____________________________________

A) ¿En qué eres fuerte?

____

____

____

____

____

____

____

B) ¿Qué habilidades o cualificaciones tienes? (por ejemplo, oficio)

____

____

____

____

____

____

____

C) ¿Qué necesitas?

____

____

____

____

____

____

____

____

D) ¿Qué objetivos tienes? (¿Qué te gustaría conseguir en un mes, tres meses, seis meses, un año, dos años y cinco años?).

____

____

____

____

____

____

____

____

____

____

E) ¿Qué es lo que más te gusta hacer en tu tiempo libre y con quién? (ej. aficiones, deportes, actividades familiares, etc.).

____

____

____

____

____

____

____

F) Por favor, escribe todo lo que te gustaría cambiar en tu vida.

____

____

____

____

G) Por favor, describe todos tus logros

H) Por favor, escribe todo lo que hayas perdido debido a tu adicción.

<u>**ENTORNO**</u>

1. ¿Dónde vives?

Ciudad: _______________________________ Estado: ___ Código Postal: _______

<u>**Hogar / Lugar de Residencia:**</u>

1. Casa/Apartmento___2. Hogar de Grupo ___3. Internado____4. Refugio___

5. Otro: ____

- ¿Cuántas veces te has mudado desde hace un año? _______________

- ¿Crees que vives en un lugar seguro? SÍ / NO (por favor, redondea uno)

Por favor, explícalo:

____

____

____

____

- ¿Quién vive contigo?

____

____

____

____

- Desde hace un año, ¿tu pareja, familiar o extraño te han empujado, dado un puñetazo, pegado una patada, golpeado o amenazado con hacerte daño? SÍ / NO (por favor, redondea uno)

Si es así, ¿quién?:_______________________ ¿Cuándo?: _______________________

¿Por qué?: ____

____

____

____

ESTADO CIVIL:

( ) Nunca te casaste ( ) Soltero ( ) Casado ( ) Separado ( ) Divorciado ( ) Viudo

1. ¿Cuántos hijos tienes? _______ ¿Con cuántas parejas? _______

2. ¿Qué edades tienen y de que género son?

   ____

3. ¿Dónde viven ahora tus hijos?

   ____

   ____

4. ¿Quién se ocupa de tus hijos?

   ____

   ____

   ____

5. ¿Dejaste de ocuparte de tus hijos debido a tu adicción? SÍ / NO. Por favor, explícalo.

   ____

   ____

   ____

6. ¿Tienes ahora mismo una relación romántica? SÍ / NO (por favor, redondea uno)

Por favor, explícalo: ____

   ____

7. ¿Tu pareja usa drogas actualmente? SÍ / NO (por favor, redondea uno)

Por favor, explícalo: ____

   ____

8. ¿Usó tu pareja drogas en el pasado? SÍ / NO (por favor, redondea uno)

Por favor, explícalo: ____

   ____

9. ¿Desde hace cuándo estáis juntos?

   ____

10. ¿Qué hacéis para divertiros?

____

____

____

____

11. ¿Cómo conociste a tu pareja actual?

____

____

____

12. ¿Qué has aprendido de tu pareja?

____

____

____

13. ¿Cuántos amigos tienes que estén actualmente sobrios y recuperándose? __________

14. ¿Cuántos amigos tienes que estén tomando drogas ilegales? ____________

15. ¿Cuántos amigos tienes que nunca hayan tomado drogas ilegales? ____________

16. ¿Cuántos amigos tienes que fumen cannabis? ____________________

17. ¿Cuántos amigos tienes que beban alcohol? __________________

18. ¿Cuántos amigos tienes que acudan a reuniones de grupos de autoayuda de AA/NA?

____

19. ¿Qué piensas de tus amigos? Descríbelos.

____

____

____

____

____

____

____

20. ¿Qué aprendiste de tus amigos y familiares? Por favor, explica lo bueno, lo malo y lo feo que hayas vivido y aprendido de tus amigos y familiares.

____

____

____

____

____

____

____

____

____

____

____

____

21. ¿Eras popular en tu escuela o vecindario? SÍ / NO. SÍ / NO (por favor, redondea uno). Por favor, explícalo.

____

____

____

____

____

____

CUANDO ERAS UN NIÑO

1. ¿Alguno de tus padres tenía un problema de adicción a drogas o al alcohol? SÍ/NO (por favor, redondea uno). Si así fue, ¿quién? ¿Cuánto duró el problema? ¿Qué recuerdas del problema? ¿Cómo afectó ese problema a tu niñez y ahora como adulto?

2. ¿Te criaron en parte o completamente padres adoptivos o parientes? (es decir, excepto tus padres) SÍ / NO. Por favor, explícalo.

3. ¿Con qué frecuencia te castigaron tus padres o guardianes a no salir de casa o a estar de cara a la pared? Por favor, explícalo.
   ( ) Frecuentemente   ( ) A menudo   ( ) De vez en cuando   ( ) Raramente   ( ) Nunca

4. ¿Crees que te abusaron físicamente?   SÍ / NO

5. ¿Crees que te abandonaron?   SÍ / NO

6. ¿Crees que te hicieron daño de manera sexual?   SÍ / NO

7. ¿Alguna vez te hicieron daño tus padres cuando estaban fuera de sí? SÍ / NO

FAMILIA AL PRINCIPIO

1. ¿Vivías en una familia con padre y madre? SÍ / NO. Si así fue, ¿hasta cuándo?

   Si no fue así, ¿por qué no? _______________________________________

2. ¿Tenías hermanos o hermanas? SÍ / NO. Si así es, ¿cuántos? _______________

   ¿Vivían con la misma familia? SÍ / NO. Si no fue así, ¿por qué no?

3. ¿Tenía tu familia dificultades familiares? SÍ / NO. Si así fue, por favor explícalo.

4. ¿Tenías dificultades en la escuela? SÍ / NO. Si así fue, por favor explícalo.

5. ¿Tenías problemas de comportamiento en la escuela? SÍ / NO. Si así fue, por
favor explícalo.

____

____

PERFIL FAMILIAR ACTUAL

1. ¿Quién vive contigo?

____

____

2. ¿Cómo describirías tu relación con tus padres?

____

____

____

____

3. ¿Cómo describirías tu relación con tu pareja?

____

____

____

____

____

____

____

4. ¿Cómo describirías tu relación con tus hermanos?

____

____

____

____

5. ¿Cómo describirías tu relación con tus hijos?

____

____

____

6. ¿Con quién hablas de tus problemas?

____

____

____

EDUCACIÓN

1. ¿Cuántos años de escuela has conseguido? _____________

   ( ) Diploma de Escuela Superior ( ) Algo de Universidad ( ) Título Universitario ( ) Otro

2. ¿Cómo se llama la última escuela a la que fuiste? ___________________

3. ¿Te gustaría volver a la escuela? SÍ / NO. Por favor, explícalo.

____

____

____

4. ¿Te gustaba la escuela? SÍ / NO. Por favor, explícalo.

____

____

5. ¿Tienes certificados de finalización? SÍ / NO. Por favor, explícalo.

____

____

EMPLEO

1. ¿Tienes empleo? SÍ / NO. Si así es, ¿cuánto hace que lo tienes?

____

2. ¿Qué tipo de empleo es?

____

____

3. ¿De dónde obtienes tu apoyo económico?

____

4. ¿Fuiste militar? SÍ / NO. Si así fue, por favor explícalo.

____

ACTIVIDADES DE OCIO

1. ¿Qué cosas te gusta hacer más durante tu tiempo libre?

2. ¿Con quién las haces?

3. ¿En qué actividades comunitarias estás involucrado?

VIDA ESPIRITUAL / AFILIACIÓN A UNA IGLESIA

1. ¿Cómo son de fuertes las creencias o prácticas religiosas de tu familia?
    ( ) Muy fuertes ( ) No muy fuertes ( ) Escasas ( ) Mi familia no es religiosa

    ¿A qué religión / Iglesia / templo acudes?

1. ¿Es la espiritualidad importante en tu vida? SÍ / NO. Por favor, explícalo.

HISTORIA FAMILIAR

1. ¿Han tratado a algún familiar debido a problemas PSIQUIÁTRICOS? SÍ / NO. Si así fue, ¿a quién?

   ____

   ____

   ____

2. ¿Han tratado a algún familiar debido a problemas MÉDICOS? SÍ / NO. Si así fue, ¿a quién?

   ____

   ____

   ____

3. ¿Han tratado a algún familiar debido a problemas de ABUSO DE SUSTANCIAS? SÍ / NO. Si así fue, ¿a quién?

   ____

   ____

   ____

4. ¿Ha estado algún familiar involucrado con el sistema legal? SÍ / NO. Si así fue, ¿quién?

   ____

   ____

   ____

ACTIVIDADES FAMILIARES

2. ¿Qué hace tu familia para divertirse juntos?

   ____

   ____

   ____

   ____

   ____

BEBER / DROGAS / LEY

1. ¿Qué droga prefieres? _______________________________
2. ¿A cuántas desintoxicaciones has ido? _______________________
3. ¿Cuántas veces has sufrido una sobredosis? _______________________
4. ¿Cuántas veces has tenido una recaída? _______________________
5. ¿Cuánto hace que tuviste tu período más largo de sobriedad? __________
   ¿Y cuándo? _______
6. ¿Cuántas veces has intentado reducir la cantidad de drogas y/o alcohol? _____
7. ¿Cuántas veces has acudido a grupos de autoayuda a la semana? _________
8. ¿Cuántas veces has estado en período de prueba? _______________
9. ¿Cuántas veces has estado en libertad condicional? _______________
10. ¿Cuántas veces has cumplido una sentencia o has estado en la cárcel? ______
11. ¿Cuántas veces te han arrestado? _______________________
12. ¿En cuántos programas de casas sobrias has participado? _______________
13. ¿En cuántos programas de casas a mitad de camino has participado? _______
14. ¿Has participado en cualquiera de los siguientes programas?
    ( ) Gestión de la ira   ( ) Violencia doméstica   ( ) Paternidad
    ( ) Programa de Abuso de Sustancias: _______________________
    ( ) Programa de Salud Mental: _______________________
    ( ) Otro: _______________________

Por favor, explica cuándo y dónde completaste esos programas:

____

____

____

____

____

15. ¿Cómo estás de cansado de hacer las mismas cosas, de caer en las mismas
"trampas de adicción" o similares y de esperar resultados diferentes? Por
favor, haz un círculo alrededor de un número.

0	1	2	3	4	5	6	7	8	9	10

No estoy cansado   Estoy muy cansado

Por favor, explícalo: _______________________________

____

____

AYUDA Y APOYO

1. ¿En quién puedes confiar cuando necesitas? (Escribe sus iniciales y la relación que tienen contigo).

a) _____________________ b) _____________________ c) _____________
d) _____________________ e) _____________________ f) _____________

( ) Si no tienes a nadie, explícalo.

____

____

2. ¿Estás satisfecho con su apoyo?
( ) Muy satisfecho   ( ) Satisfecho   ( ) Muy insatisfecho
( ) Insatisfecho   ( ) No tengo apoyo

3. ¿Quién crees que te quiere profundamente? (Por favor, escribe sus iniciales y la relación que tienen contigo).

a) _____________________ b) _____________________ c) ____________

( ) Si no tienes a nadie, explícalo. ___________________________

4. ¿Estás relacionado con las siguientes entidades o estás recibiendo servicios en la actualidad?

( ) Departamento de Niños y Familias ( ) Libertad a Prueba
( ) Libertad Condicional   ( ) Departamento de Salud Mental
( ) Rehabilitación ( ) Tribunales ( ) Recursos Comunitarios

( ) Otro: _______________________________________
( ) Otro: _______________________________________

5. ¿Tienes un patrocinador de AA/NA?_____________________________
6. ¿Tienes una mascota? _______________________________________
7. ¿Te fías de alguien? ____
8. ¿Rezas? ____
9. ¿Hablas con familiares? _____________________________________
10. ¿Te gusta tener amistades? __________________________________
11. ¿Te sientes seguro y concentrado en tu recuperación cuando estás acompañado de amigos íntimos? Por favor, explícalo.

____

____

____

CONDICIONES CONCURRENTES

La gente que tiene trastornos de abuso de sustancias o salud mental tienen trastornos concurrentes. Muchos de los que abusan de sustancias se automedican con drogas y alcohol. Es importantísimo que tomes la medicación que te hayan recetado para evitar recaídas. Debes preguntar a quien la recete qué beneficios tiene esa medicación para ti y qué efectos secundarios tiene. Tienes que estar bien informado y nunca en posesión de información incorrecta, asegúrate de entenderlo todo bien.

1. ¿Te han diagnosticado con un trastorno de salud mental y un trastorno de abuso de sustancia? SÍ / NO. Por favor, explícalo.

____

____

____

____

2. ¿Tomas medicación debido a un trastorno de salud mental? SÍ / NO. Por favor, explícalo.

____

____

____

____

3. ¿Solías tomar medicación debido a un trastorno de salud mental? SÍ / NO. Por favor, explícalo.

____

____

____

____

4. ¿Tomas medicación debido a un trastorno de abuso de sustancias? SÍ / NO. Por favor, explícalo.

____

____

____

____

5. ¿Te ayuda la medicación con tu trastorno de salud mental? SÍ / NO. Por favor, explícalo.

____

____

____

6. ¿Estás de acuerdo en tomar medicación para un trastorno de salud mental? SÍ / NO.
Por favor, explícalo.

____

____

____

____

7. ¿Estás de acuerdo en tomar medicación para un trastorno de abuso de sustancias?
SÍ / NO. Por favor, explícalo.

____

____

____

____

8. ¿Cuánto tiempo has estado involucrado con servicios? Por favor, explícalo

____

____

____

____

9. En tu opinión, ¿cuáles son los pros y los contras de tomar medicaciones?

____

____

____

____

10. ¿Tienes familiares que toman medicación debido a una enfermedad mental y/o
abuso de sustancias? SÍ / NO. Por favor, explícalo.

____

____

____

____

11. ¿Te han diagnosticado alguna vez con cualquiera de lo siguiente? √

a) ( )Ansiedad b) ( )Depresión c) ( )Trastorno anímico d) ( ) PTSD e) ( )

Propenso f) ( )Anti-social g) ( )Evitación h) Esquizofrenia i) ( ) Otro:

____ j) ( ) Otro:

____

¿Cuáles son los aspectos más importantes de TI MISMO que pudiste identificar contestando las preguntas anteriores?

PALABRAS SOBRE SENTIMIENTOS

Cuando sentimos algo, liberamos la vida a su forma humana más hermosa. Los sentimientos nos conectan unos a otros y al universo. Podemos sentir cuando nos permitimos recibir completamente la magia y energía de la vida. Los sentimientos no son buenos o malos, sino que reflejan nuestras necesidades. Podemos involucrarnos profundamente en el proceso de autodescubrimiento cuando aclaramos nuestra consciencia y entendimiento de por qué nos sentimos de cierta manera.

¿Cómo te sientes hoy? √

	√		√		√		√		
Asombrado		Insultado		Cariñoso		Bendecido		Aliviado	
Complacido		Descontento		Estimulado		Con coraje		Inspirado	
Juguetón		Aventurero		Anhelo		Molesto		Tierno	
Calmado		Desprecio		Empatía		Agradecido		Enfadado	
Centrado		Cínico		Fascinado		Culpabilidad		Miserable	
Ímpetu		Valiente		Inútil		Incapaz		Agobiado	
Excitado		Furioso		Descorazonado		Indeciso		Perplejo	
Flexible		Asustado		Agradecido		Humilde		Miedo	
Entusiasmado		Frustrado		Desilusionado		Impotente		Confundido	
Involucrado		Irritado		Ansioso		Incapaz		Distante	
Con ganas		Molesto		Angustia		Alegría		Útil	
Relajado		Audaz		Indiferente		Nervioso		Pasivo	
Renovado		Determinado		Aislado		Pánico		Agresivo	
Libre		Antipático		Dolor		Perplejo		Atribulado	
Extático		Nervioso		Deprimido		Impotente		Curioso	
Realizado		Hostil		Descorazonado		Inquisitivo		Distante	
Feliz		Impaciente		Desesperado		Rechazando		Incómodo	
Con vigor		Airado		Solo		Reacio		Avergonzado	
Rejuvenecido		Confiado		Distante		Arrepentido		Intenso	
Contento		Desdén		Intrigado		Triste		Celoso	
Vibrante		Cordial		Afortunado		Seguro		Distante	
Satisfecho		Orgulloso		Resistente		Asustado		Inseguro	
Radiante		Valiente		Distante		Amor propio		Abierto	
Asombrado		Agitado		Cariñoso		Sensible		Pacífico	
Vivo		Antipático		Anhelo		Conmocionado		Vivaz	
Consciente		Enfadado		Melancólico		Escéptico		Travieso	
Refrescado		Capaz		Aburrido		Apenado		Alerta	
Motivado		Resentido		Tristeza		Sospechoso		Atontado	
Sereno		Fuerte		Incómodo		Con pavor		Distante	
Gracia		Amargado		Compasión		Agradecido		Tranquilo	
Paciente		Enfadado		Infeliz		Distante		Amoroso	
Pacífico		Vengativo		Cansado		Inseguro		Amistoso	
Encantado		Merecedor		Avergonzado		Preocupado		Distraído	
Preocupado		Molesto		Sorprendido		Orgulloso		Amado	

SENTIMIENTOS Y PENSAMIENTOS

1. ¿Qué sentimientos y pensamientos tenías **ANTES** de tu última recaída? Por favor, explícalo.

____

____

____

2. ¿Qué sentimientos y pensamientos tenías **DESPUÉS** de tu última recaída? Por favor, explícalo.

____

____

____

3. ¿Qué sentimientos y pensamientos tenías que no podías controlar o entender **ANTES** de tu última recaída? Por favor, explícalo.

____

____

____

4. ¿Qué sentimientos y pensamientos tenías que no podías controlar o entender **DESPUÉS** de tu última recaída? Por favor, explícalo.

____

____

____

5. ¿Cuáles fueron los sentimientos y pensamientos que te hicieron aceptar el hecho de que tienes problemas debido a tu adicción? Por favor, explícalo.

____

____

____

____

COMPORTAMIENTOS Y ACTITUDES

1. ¿Cuáles **SON** los comportamientos y actitudes que te hieren físicamente **EN LA ACTUALIDAD**? Por favor, explícalo.

2. ¿Cuáles **SON** los comportamientos y actitudes que te hieren emocionalmente **EN LA ACTUALIDAD**? Por favor, explícalo.

3 ¿Cuáles **SON** los comportamientos y actitudes que están afectando tus relaciones **EN LA ACTUALIDAD**? Por favor, explícalo.

4. ¿Cuáles **SON** los comportamientos y actitudes que están afectando tu rendimiento en el trabajo **EN LA ACTUALIDAD**? Por favor, explícalo.

5. ¿Cuáles **SON** los comportamientos y actitudes que eres incapaz de controlar **EN LA ACTUALIDAD**? Por favor, explícalo.

6. ¿Cuáles **SON** los comportamientos obsesivo-compulsivos que tienes **EN LA ACTUALIDAD**? Por favor, explícalo.

____

____

____

7. ¿Cuáles **ERAN** los comportamientos y actitudes que te herían físicamente cuando te drogabas? Por favor, explícalo.

____

____

____

8. ¿Cuáles **ERAN** los comportamientos y actitudes que te herían emocionalmente cuando te drogabas? Por favor, explícalo.

____

____

____

9. ¿Cuáles **ERAN** los comportamientos y actitudes que afectaron tus relaciones cuando te drogabas? Por favor, explícalo.

____

____

____

10. ¿Cuáles **ERAN** los comportamientos y actitudes que afectaban tu rendimiento en el trabajo cuando te drogabas? Por favor, explícalo.

____

____

____

____

SOY

¿Quién eres tú? Por favor, completa lo siguiente:

SOY ____.

SOY ____.

SOY ____.

SOY ____.

SOY ____.

SOY ____.

SOY ____.

SOY ____.

SOY ____.

SOY ____.

SOY ____.

SOY ____.

SOY ____.

SOY ____.

SOY ____.

SOY ____.

SOY ____.

SOY ____.

SOY ____.

SOY ____.

QUIERO SER...

Piensa en lo que QUIERES SER. Por favor, completa lo siguiente:

QUIERO SER ____.

QUIERO SER ____.

QUIERO SER ____.

QUIERO SER ____.

QUIERO SER ____.

QUIERO SER ____.

QUIERO SER ____.

QUIERO SER ____.

QUIERO SER ____.

QUIERO SER ____.

QUIERO SER ____.

QUIERO SER ____.

QUIERO SER ____.

QUIERO SER ____.

QUIERO SER ____.

QUIERO SER ____.

QUIERO SER ____.

QUIERO SER ____.

QUIERO SER ____.

QUIERO SER ____.

QUIERO TENER...

Piensa en lo que **QUIERES TENER**. Por favor, completa lo siguiente:

QUIERO TENER____.

QUIERO TENER____.

QUIERO TENER____.

QUIERO TENER____.

QUIERO TENER____.

QUIERO TENER____.

QUIERO TENER____.

QUIERO TENER____.

QUIERO TENER____.

QUIERO TENER____.

QUIERO TENER____.

QUIERO TENER____.

QUIERO TENER____.

QUIERO TENER____.

QUIERO TENER____.

QUIERO TENER____.

QUIERO TENER____.

QUIERO TENER____.

QUIERO TENER____.

TENGO QUE HACER... PARA PODER TENER...

Por favor, completa lo siguiente:

Tengo que hacer _____________________ **para poder tener** _____________________.

Tengo que hacer _____________________ **para poder tener** _____________________.

Tengo que hacer _____________________ **para poder tener** _____________________.

Tengo que hacer _____________________ **para poder tener** _____________________.

Tengo que hacer _____________________ **para poder tener** _____________________.

Tengo que hacer _____________________ **para poder tener** _____________________.

Tengo que hacer _____________________ **para poder tener** _____________________.

Tengo que hacer _____________________ **para poder tener** _____________________.

Tengo que hacer _____________________ **para poder tener** _____________________.

Tengo que hacer _____________________ **para poder tener** _____________________.

Tengo que hacer _____________________ **para poder tener** _____________________.

Tengo que hacer _____________________ **para poder tener** _____________________.

Tengo que hacer _____________________ **para poder tener** _____________________.

Tengo que hacer _____________________ **para poder tener** _____________________.

Tengo que hacer _____________________ **para poder tener** _____________________.

Tengo que hacer _____________________ **para poder tener** _____________________.

Tengo que hacer _____________________ **para poder tener** _____________________.

Tengo que hacer _____________________ **para poder tener** _____________________.

Tengo que hacer _____________________ **para poder tener** _____________________.

Tengo que hacer _____________________ **para poder tener** _____________________.

Tengo que hacer _____________________ **para poder tener** _____________________.

Tengo que hacer _____________________ **para poder tener** _____________________.

NECESITO...

Piensa en lo que **NECESITAS** de verdad en tu vida.

Por favor, completa lo siguiente:

NECESITO ____.

NECESITO ____.

NECESITO ____.

NECESITO ____.

NECESITO ____.

NECESITO ____.

NECESITO ____.

NECESITO ____.

NECESITO ____.

NECESITO ____.

NECESITO ____.

NECESITO ____.

NECESITO ____.

NECESITO ____.

NECESITO ____.

NECESITO ____.

NECESITO ____.

NECESITO ____.

NECESITO ____.

ME IMPORTA...

Piensa en qué y quién **TE IMPORTAN** de verdad.

Por favor, completa lo siguiente:

ME IMPORTA____.

ME IMPORTA____.

ME IMPORTA____.

ME IMPORTA____.

ME IMPORTA____.

ME IMPORTA____.

ME IMPORTA____.

ME IMPORTA____.

ME IMPORTA____.

ME IMPORTA____.

ME IMPORTA____.

ME IMPORTA____.

ME IMPORTA____.

ME IMPORTA____.

ME IMPORTA____.

ME IMPORTA____.

ME IMPORTA____.

SITUACIONES DE ALTO RIESGO Y COMPORTAMIENTOS ABUSIVOS

Por favor, escribe todas las situaciones de alto riesgo y comportamientos abusivos que pueden hacer que recaigas AHORA:

1. **GENTE** que puede hacer posibles situaciones de alto riesgo y comportamientos abusivos.

2. **LUGARES** que pueden provocar situaciones de alto riesgo y comportamientos abusivos.

3. **LUGARES** que pueden provocar situaciones de alto riesgo y comportamientos abusivos.

4. **EVENTOS** que pueden provocar situaciones de alto riesgo y comportamientos abusivos.

____

____

____

____

____

____

____

5. **PLACES** que pueden provocar situaciones de alto riesgo y comportamientos abusivos.

____

____

____

____

____

____

____

6. **SENTIMIENTOS** que pueden provocar situaciones de alto riesgo y comportamientos abusivos.

____

____

____

____

____

____

____

7. **OTROS** elementos que pueden provocar situaciones de alto riesgo y comportamientos abusivos.

____

____

____

____

____

____

____

____

8. ¿Cuánto cuesta mantener tu adicción a diario? Por favor, explícalo.

____

____

____

____

____

____

9. ¿Estás involucrado en situaciones de alto riesgo de recaída de manera semanal? Por favor, rodea un número con un círculo.

| 0 | 1 | 2 | 3 | 4 | 5 | 6 | 7 | 8 | 9 | 10 |

Nunca   Extremadamente

Por favor, explica tu selección: _______________________________

____

____

____

____

MOTIVACIÓN

La motivación para cambiar proviene de nuestro interior. Todo lo que hacemos está motivado por algo interno o externo. La motivación para los seres humanos es como la gasolina para los automóviles. Puede que nuestro deseo de cambiar se vea influenciado por nuestro entendimiento interno y crezca debido a factores externos y ambientales. Somos nuestros motivadores auténticos cuando buscamos sinceramente quienes Somos en Realidad.

1. ¿Cómo estás de motivado para cambiar? Por favor, rodea un número con un círculo.

0	1	2	3	4	5	6	7	8	9	10

No estoy
Motivado

100% Motivado

2. Por favor, explica tu respuesta.

____

____

____

____

3. Por favor, escribe al menos tres características de ti mismo que te gustaría cambiar en los próximos tres meses.

____

____

____

____

____

4. ¿Qué te motiva a permanecer sobrio? Por favor, explícalo.

____

____

____

____

____

____

HACIENDO INVENTARIO

HISTORIAL DE ABUSO DE SUSTANCIAS

Historial de Uso Químico

Sustancia	Edad a la que empezó	Uso Máximo (Frecuencia, Cantidad, Vía de Administración)	Fecha del último uso	Estado de Tolerancia Alta / Baja	Síntomas de Abstinencia (por favor, nómbralos)	Cambio de Personali-dad SÍ / NO
Benzodiazepinas (xanax, valium, ativan, librium, klonopin, etc.)						
Alcohol (ETOH)						
Marihuana (THC)						
Anfetaminas, meth.						
Cocaína						
Sedativos (barbitúricos, quaaludes, seconal, amytal, etc.)						
Heroína						
Opiáceos (morfina, metadona, demerol, oxycontin, percocet)						
Alucinógenos (LSD, mescalina, éxtasis, etc.)						
Cafeína (café, soda, etc.)						
Nicotina						
Drogas Psicotrópicas (especifica)						
Fenciclidina (PCP, Katamina)						
Inhalantes (especifica)						

<table>
<tr><td colspan="5">HISTORIAL DE TRATAMIENTO PSIQUIÁTRICO Y/O DE ABUSO DE SUSTANCIAS</td></tr>
<tr><td colspan="5" align="center">(Actual y Previo)</td></tr>
<tr><td>Cuándo</td><td>Dónde (incluye si te ingresaron o no o si fue atención a una crisis)</td><td>Indica SA/Psiq./ Diagnosis Dual S / N</td><td>Motivos / Síntomas</td><td>Resultado</td></tr>
<tr><td></td><td></td><td></td><td></td><td></td></tr>
<tr><td></td><td></td><td></td><td></td><td></td></tr>
<tr><td></td><td></td><td></td><td></td><td></td></tr>
<tr><td></td><td></td><td></td><td></td><td></td></tr>
<tr><td></td><td></td><td></td><td></td><td></td></tr>
<tr><td></td><td></td><td></td><td></td><td></td></tr>
</table>

1. ¿Por qué **EMPEZASTE** a tomar drogas y alcohol? Explica **TODAS** tus razones.

____

____

____

____

____

____

____

____

____

____

____

____

____

____

____

2. ¿Te acuerdas de la primera vez que tomaste una droga ilegal o alcohol? Identifica los **PENSAMIENTOS, EMOCIONES, EVENTOS, LUGARES, SITUACIONES** y **GENTE** que provocaron que tomaras drogas o alcohol **LA PRIMERA VEZ**.

Pensamientos:

____

____

____

____

Emociones:

____

____

____

____

Eventos:

____

____

____

____

Lugares:

____

____

____

____

Situaciones:

____

____

____

____

____

____

____

____

¿Cuánto te gastabas al día para mantener tu adicción? Por favor, explícalo.

____

____

____

____

____

____

IMPULSIVIDAD

Comportamientos y actitudes impulsivas pueden resultar ciertamente en situaciones con nosotros mismos, con otros y a la larga generar problemas legales.

¿Te acuerdas de lo impulsivo que eras cuando empezaste a tomar drogas o alcohol? Por favor, rodea un número con un círculo.

0	1	2	3	4	5	6	7	8	9	10

No Impulsivo

Bajo Control

Extremadamente Impulsivo

Por favor, explica tu respuesta

____

____

____

____

PENSAMIENTOS, TRAMPAS, PROBLEMAS, CAUSAS, ANTOJOS Y DESEOS

Una vez que hayas identificado los pensamientos, trampas, problemas, causas, antojos y deseo de tomar drogas y alcohol, estarás preparado para identificar alternativas sanas. Tienes que reconocer la existencia de sentimientos y entender cómo son parte de todo lo que haces.

1. Identifica los problemas que pueden causar que tomes drogas ilegales y alcohol (haz una marca en todas las opciones siguientes que puedan aplicarse): √

☐ Estrés	☐ Sentimiento de inferioridad	☐ Timidez
☐ Tensión	☐ Dolor	☐ Incapacidad de hacer amigos
☐ Ira	☐ Pánico	☐ Miedo de la gente
☐ Ansiedad	☐ Miedos y Fobias	☐ Condiciones de mal hogar
☐ Depresión	☐ Obsesiones	☐ Incapacidad de divertirse
☐ Aburrimiento	☐ Soledad	☐ Preocupación constante sobre algo
☐ Dolor físico	☐ Ideas suicidas	☐ Incapacidad de tomar decisiones
☐ Falta de empleo	☐ Experiencias traumáticas	☐ Relaciones
☐ Somnolencia constante	☐ Conflicto con otros	☐ Problemas legales
☐ Incapacidad de relajarse	☐ Libertad a prueba	☐ Problemas económicos
☐ Insomnio	☐ Libertad condicional	☐ Apuestas
☐ Sueños recurrentes	☐ Sin hogar	☐ Problemas en el trabajo
☐ Pesadillas	☐ Orientación sexual	☐ Incapacidad de mantenerse empleado
☐ Alucinaciones	☐ Problemas sexuales	☐ Problemas familiares
☐ Cambios de ánimo	☐ Problemas médicos	☐ Otro:_____________
☐ Presión de grupo: ___	☐ Desempleo:________	☐ Otro:_____________

Otro (Especifica):

____

____

____

2. Por favor, explica detalladamente cómo es que los problemas que has marcado pueden llevarte a tomar drogas y/o beber alcohol.

____

____

____

____

____

____

____

PLANEANDO ACTIVIDADES

El estrés es una de las razones principales por las cuales la gente intenta escapar de su realidad tomando drogas y alcohol.

1. Por favor, marca con una √ las actividades que crees serán más útiles para ayudarte a reducir tu estrés diario.

Meditar	Rezar	Reír
Escribir un diario	Ir a la iglesia	Ir de fiesta
Buscar aficiones	Ir a estudios de la biblia	Practicar deportes
Ir a reuniones de autoayuda	Escuchar música	Pasar tiempo con la familia
Ir a reuniones de AA	Leer un libro o una revista	Jugar a videojuegos
Ir a reuniones de NA	Ver la televisión	Ayudar a otros
Ir a reuniones de GA	Ir al parque	Comer tu comida favorita
Ir al gimnasio	Ir al cine	Comprar cosas nuevas para ti mismo
Hacer ejercicio con un amigo	Horticultura	Aumentar el romance
Hacer ejercicio solo	Limpiar	Cortejar
Caminar	Lavar	Llevar a mi pareja a cenar
Hablar con un amigo	Haciendo labores del hogar	Practicar conciencia plena
Hablar con un familiar	Ir a dar una vuelta	Practicar Yoga
Hablar con tu patrocinador	Ir de compras	Otro:_________
Hablar con tu consejero	Ir a la escuela	Otro:

2. Por favor, explica detalladamente cómo las actividades que has marcado con √ te ayudarán a reducir el estrés y permanecer **CONCENTRADO** en tu recuperación.

____

____

____

____

____

____

____

____

____

____

____

CAMBIO Y RECUPERACIÓN

En el proceso de recuperación el cambio sólo se consigue incrementando la responsabilidad personal. Nos motivamos a nosotros mismos al mejorar nuestra comprensión de nuestras actitudes y comportamientos autodestructivos y al conservar la consciencia de lo que realmente queremos de la vida.

¿Estás decidido a cambiar tu vida y mejorarla? ¿Quieres permanecer sobrio y concentrado en tu recuperación? ¿Puedes motivarte, educarte y capacitarte a ti mismo para mantenerte concentrado en tu recuperación? ¿Estás preparado para cambiar tu estilo de vida y generar costumbres sanas? ¿Estás embarcado en el proceso de recuperación con honestidad y confianza?

¿Puedes? SÍ / NO   ¿Lo harás? SÍ / NO

1. Piensa en tu **ULTIMA RECAÍDA** y describe por qué recaíste. ¿Qué pasó?

____

____

____

____

____

2. ¿Qué podrías haber **HECHO** de otra manera?

____

____

____

____

3. ¿Por qué sufriste una recaída **EN REALIDAD**?

____

____

____

____

4. ¿Cuántas veces en el PASADO prometiste que no ibas a tomar drogas o alcohol? Por favor, explícalo.

____

____

____

5. ¿Qué va a ser diferente **AHORA**? ¿Por qué quieres permanecer sobrio **AHORA**?

____

____

____

____

6. ¿Crees que desde que has **DECIDIDO** a **CAMBIAR** y concentrarte en tu recuperación te has estado sintiendo frustrado, irritado, enfadado e impaciente? SÍ / NO. Por favor, explícalo.

____

____

____

____

7. Identifica siete **SITUACIONES** que debes evitar para no tener tentaciones, causas, deseos, pensamientos de tomar drogas o alcohol y al final, recaer.

    1. ____

    2. ____

    3. ____

    4. ____

    5. ____

    6. ____

    7. ____

8. Identifica el nombre de tres **PERSONAS** que debes evitar para no tener tentaciones, causas, deseos, pensamientos de tomar drogas o alcohol y al final, recaer.

1. ____

2. ____

3. ____

9. Identifica tres **LUGARES** que debes evitar para poder evitar para poder permanecer concentrado en tu recuperación.

   1.____

   2.____

   3.____

10. Identifica tres **DECISIONES** que debes **HACER A DIARIO** para permanecer sin tentaciones, causas, anhelos, pensamientos de usar y al final, recaer.

   1.____

   2.____

   3.____

11. Identifica tres **COMPORTAMIENTOS DE ALTO RIESGO** que debes evitar para permanecer sin tentaciones, causas, anhelos, pensamientos de usar y al final, recaer.

   1.____

   2.____

   3.____

12. Identifica el nombre de tres **PERSONAS** a las que puedes acudir cuando tienes tentaciones, causas, deseos o pensamientos de tomar drogas o alcohol.

   1.____

   2.____

   3.____

13. Identifica tres formas **SANAS** de sobreponerte cuando tienes tentaciones, causas, deseos o pensamientos de tomar drogas o alcohol.

   1.____

   2.____

   3.____

14. Identifica dos formas **MALAS** de sobreponerte cuando tienes tentaciones, causas, deseos o pensamientos de tomar drogas o alcohol.

1.____

2.____

15. Identifica el nombre de tres **PERSONAS** a las que puedes acudir cuando tienes tentaciones, causas, deseos o pensamientos de tomar drogas o alcohol.

1.____

2.____

3.____

16. Identifica tres signos **FÍSICOS** de **ESTRÉS** que pueden afectar tu recuperación. Por favor, explícalo (por ejemplo, dolores de cabeza, insomnio, pérdida de apetito).

1.____

2.____

3.____

17. Identifica tres signos **EMOCIONALES** de **ESTRÉS** que pueden afectar tu recuperación. Por favor, explícalo (ej. tristeza, ansiedad, preocupación excesiva).

1.____

2.____

3.____

18. Identifica tres signos **MENTALES** de **ESTRÉS** que pueden afectar tu recuperación. Por favor, explícalo. (ej. falta de confianza, mala concentración, olvidadizo).

1.____

2.____

3.____

ESTILO DE VIDA

Un estilo de vida es una forma de vivir y una forma de vida con ciertas costumbres, actitudes, moralidad, principios, estado económico y otros aspectos que pueden dar forma a un individuo o a un grupo. Es posible que tengamos un estilo de vida único con aspectos similares. A veces una persona tiene que cambiarlo todo para poder permanecer sobrio y concentrarse en su recuperación. Los cambios pueden incluir empleo, amistades, ubicación, entorno, dieta, sistema de creencias, asociaciones, relaciones y otros aspectos que puedan tener raíces directas e indirectas con la adicción.

Si tu estilo de vida incluye la "cultura de drogas y alcohol", debes cambiarlo para poder continuar concentrándote en tu recuperación. Si no cambias tu estilo de vida estarás engañando a tus propias creencias y permitirás que pensamientos de negación y delirio entren tu mente y afecten tu recuperación.

1. ¿Cómo estás de motivado para cambiar tu ESTILO DE VIDA? Por favor, redondea un número con un círculo.

0	1	2	3	4	5	6	7	8	9	10

No estoy
Motivado   100% Motivado

2. ¿Qué **NECESITAS** cambiar en tu estilo de vida?

____

____

____

3. ¿Qué **QUIERES** cambiar de tu estilo de vida?

____

____

____

4. ¿Qué **CAMBIARÍAS** de tu estilo de vida?

____

____

____

5. ¿Qué PUEDES cambiar de tu estilo de vida?

____

____

ESTRÉS Y SEÑALES DE PELIGRO

Normalmente una persona es sobria antes de recaer. La decisión de recaer se hace cuando la persona está sobria o con la mente clara. La justificación de usar drogas y alcohol de nuevo puede deberse a factores emocionales, físicos, ambientales y sociales. Cambiamos nuestra forma de vida normal debido a las demandas del estrés y podemos sentirnos agobiados física, emocional, mental y espiritualmente.

1. Cuando estás estresado, tu mente está _________________________________

0	1	2	3	4	5	6	7	8	9	10
Mente Clara										Problemas Pensando Claramente

Antes de tu última recaída: Por favor, rodea uno

a) ¿Piensas sobre lo mismo una y otra vez?	SÍ / NO
b) ¿Soñaste en tomar drogas?	SÍ / NO
c) ¿Sufrías de cambios de ánimo?	SÍ / NO
d) ¿Tenías dificultades en recordar cosas?	SÍ / NO
e) ¿Tenías problemas gestionando el estrés diario?	SÍ / NO
f) ¿Te sentías avergonzado y culpable?	SÍ / NO
g) ¿Te frustrabas e irritabas fácilmente?	SÍ / NO
h) ¿Te sentías desesperado, ansioso y deprimido?	SÍ / NO
i) ¿Pensabas en los amigos con los que tomabas drogas?	SÍ / NO
j) ¿Pensabas en los lugares en los que tomabas drogas?	SÍ / NO
k) ¿Pensabas en formas fáciles de ganar dinero?	SÍ / NO
l) ¿Estabas aburrido?	SÍ / NO
m) ¿Sentías como que no te importaba mucho nada de nada?	SÍ / NO
n) ¿Sentías pena acerca de tu vida?	SÍ / NO
o) ¿Sentías que estabas solo?	SÍ / NO
p) ¿Sentías que no tenías alternativas aparte de tomar drogas?	SÍ / NO
q) ¿Sentías que se te acababa el tiempo para mejorarte a ti mismo?	SÍ / NO
r) ¿Dejaste de acudir a reuniones de autoayuda de grupo? (NA, AA)	SÍ / NO
s) ¿Reemplazaste una sustancia con otra? (por ejemplo, dejaste de tomar heroína pero empezaste a beber alcohol o a apostar)	SÍ / NO
t) ¿Sentías que tenías presión social para usar drogas?	SÍ / NO
u) ¿Sentías que no te merecías estar limpio?	SÍ / NO
v) ¿Sentías que necesitabas divertirte más?	SÍ / NO
w) ¿Estabas expuesto a objetos de adicción? (jeringas, olores)	SÍ / NO
x) ¿Visitaste sitios y amigos que usan drogas?	SÍ / NO
y) ¿Abandonaste costumbres sanas?	SÍ / NO
z) ¿Volviste a las mismas costumbres y al mismo estilo de vida?	SÍ / NO

2.) ¿Cuántas preguntas has contestado YES___________ NO___________?
    Reflexiona y explica tus respuestas.

____

____

____

____

____

____

____

____

____

____

____

____

3. ¿Cómo reaccionas al estrés?

Físicamente: (por ejemplo, falta de energía, trastornos del sueño)

____

____

____

____

____

Emocionalmente / Mentalmente: (por ejemplo, irritabilidad, nerviosismo, inquietud)

____

____

____

____

____

Comportamiento: (por ejemplo, episodios de ira, menos sueño)

____

____

____

____

____

____

4. Identifica tus factores estresantes diarios, semanales, mensuales y anuales.

Diarios:

____

____

____

Explícalo: _____________________________________

____

____

____

Semanales:

____

____

____

Explícalo: _____________________________________

____

____

____

Mensuales:

____

____

____

____

Explícalo: ____

____

____

____

Anuales:

____

____

____

____

Explícalo: ____

____

____

____

5. ¿Cómo puedes **GESTIONAR** el estrés? Por favor, identifica al menos siete maneras de gestionar y reducir el estrés (por ejemplo, planifica tu tiempo, da prioridad, organiza, haz ejercicio, habla con un amigo, usa técnicas de relajación y de meditación)

1.____

2.____

3.____

4.____

5.____

6.____

7.____

MENTIRAS, MIEDOS Y MANIPULACIÓN

La adicción puede traer a nuestras vidas mentiras, miedos, manipulación y engaños. Mentimos porque todavía tomamos drogas o bebemos alcohol. Manipulamos para obtener lo que queremos. Mentimos porque tenemos miedo de la verdad y el engaño es la única manera que sabemos de sobreponernos. Nuestras mentiras crecen tanto como nuestra adicción y, al final, acabamos mintiéndonos a nosotros mismos. Mentimos, manipulamos y tememos porque nos negamos a aceptar la realidad de nuestras vidas caóticas dominadas por la adicción. Manipulamos porque percibimos falsamente nuestras necesidades inmediatas. No volvemos a controlar las cosas mintiendo o manipulando. Es una ilusión. Acabamos dentro de un círculo vicioso de mentiras, miedos, manipulación y engaños, persiguiendo el asunto de la adicción.

1. Escribe **SIETE** mentiras que usas cuando estás bajo la influencia de drogas o alcohol.

    1.______________________________________

    2.______________________________________

    3.______________________________________

    4.______________________________________

    5.______________________________________

    6.______________________________________

    7.______________________________________

2. ¿Por qué mentiste? Describe las situaciones en las que mentiste.

3. ¿Por qué manipulaste? Explica algunos eventos en los que usaste la manipulación.

4. Aparte de mentir y manipular, ¿te comportaste agresivamente para obtener lo que
    querías? SÍ / NO. Por favor, explícalo.

____

____

____

____

5. ¿Cómo es de difícil para ti permanecer honesto **AHORA**? (sin mentiras ni manipulación)

0	1	2	3	4	5	6	7	8	9	10

No es difícil   Muy Difícil

6. ¿Cuántos miedos tienes?

0	**1**	**2**	**3**	**4**	**5**	**6**	**7**	**8**	**9**	**10 +**

7. Por favor, describe tus miedos.

____

____

____

____

8. ¿A qué le tienes más miedo?

____

____

____

____

9. Por favor, describe tus planes para conquistar tus miedos.

____

____

____

____

____

IRA Y ADICCIÓN

La ira es una emoción fuerte. A todos nos han herido alguna vez y nos hemos sentido enfadados con algo o alguien. ¿Cómo nos sobreponemos a la ira? ¿Cómo gestionamos frustraciones, provocaciones, irritaciones, desilusiones, estrés, conflictos y resentimientos? ¿Cómo identificamos las pistas físicas, emocionales y cognitivas que pueden provocar estos sentimientos?

La ira indomable puede acarrear problemas legales. Debemos reconocer qué es lo que causa o provoca la ira y enfrentarse al dolor emocional y físico sin drogas ni alcohol. Debemos identificar qué es lo que nos duele dentro en un entorno terapéutico y aprender a perdonar y a sanar. Debemos aumentar la consciencia de sentimientos airados nutriendo la aceptación y reconociendo las ventajas de perdonar situaciones dolorosas. Debemos perdonarnos a nosotros mismos y seguir hacia adelante.

¿Cómo podemos enfrentarnos a la ira sin entumecerla con drogas o alcohol?

Debemos mejorar nuestra relación con nosotros mismos y con otros y mantener una actitud positiva. Debemos aprender formas de gestionar la ira incrementando la compresión de nuestro cuerpo, mente y patrones de emociones. Debemos aprender a usar formas de comunicación sanas, asertividad, resolución de conflictos, toma de decisiones, solución de problemas, consciencia y establecer control permanentemente sobre pensamientos y comportamientos impulsivos.

1. ¿Usas drogas o alcohol cuando estás enfadado? SÍ / NO. Por favor, explícalo.

____

____

____

____

2. ¿Te sientes enfadado después de usar drogas y alcohol? SÍ / NO. Por favor, explícalo.

____

____

____

____

3. ¿Cómo gestionas tu ira?

____

____

____

4. ¿Cómo sabes si estás enfadado? ¿Qué te pasa físicamente, mentalmente, emocionalmente?

____

____

____

Por favor, indica con √ los síntomas de tu ira.

Signos Físicos	**Signos Mentales**	**Signos Emocionales**	**Comportamiento**
Taquicardia	Rabia	Pensamientos rápidos	Correr
Dolor de estómago	Pensamientos agresivos	Agobiado	Violento
Palmas sudadas	Irritación	Ansioso	Caminar
Músculos tensos	Confusión	Triste	Gritar
Pecho apretado	Desconexión	Deprimido	Escupir
Cuello/cara caliente	Pensamientos desorganizados	Nervioso	Maldiciones
Apretar la mandíbula	Culpabilidad	Pensamientos dolorosos	Arrojar
Apretar los dientes	Vergüenza	Otro:_________	Reír
Mareo	Falta de concentración	Otro:_________	Pasivo
Hormigueo	Fantasías	Otro:_________	Agresivo
Pecho apretado	Cambios de ánimo	Otro:_________	Asertivo
Temblores	Otro:_________	Otro:_________	Indiferente
Dolor de cabeza	Otro:_________	Otro:_________	Otro_________
Fatiga	Otro:_________	Otro:_________	Otro:_________
Otro:_________	Otro:_________	Otro:_________	Otro:_________

5. ¿Cómo es de difícil mantenerse en calma después de tener los síntomas anteriores?

   0   1   2   3   4   5   6   7   8   9   10

No es difícil   Muy Difícil

Por favor, explícalo:

____

____

6. Escribe los primeros signos que has notado cuando empiezas a enfadarte (físico, emocional, comportamiento mental, otro).

____

____

____

____

____

7. ¿Qué es lo que te enfada?

____

____

____

____

____

8. ¿Qué es lo que no te enfada?

____

____

____

____

____

____

9. ¿Cómo reaccionas cuando estás enfadado? Por favor, describe al menos tres situaciones pasadas y cómo reaccionaste.

____

____

____

____

____

10. ¿Tuviste problemas con la ley debido a tu ira incontrolable? SÍ / NO. Por favor,
describe eventos pasados y presentes.

____

____

____

____

____

11. ¿Qué comportamientos negativos te gustaría evitar cuando sientes una ira
incontrolable?

____

____

____

____

12. ¿Qué plan tienes para controlar tu ira?

____

____

____

____

13. Identifica siete reacciones positivas que puedes practicar para controlar tu ira. (por
ejemplo, alejarte, hacer ejercicio)

1.____

2.____

3.____

4.____

5.____

6.____

7.____

14. Por favor, escribe a continuación una lista de la gente afectada por tu ira y las cosas, lugares o cualquier otra cosa dañada o destruida debido a tu ira.

	Gente (por ejemplo, tu pareja)	Cosas (por ejemplo, la TV)	Lugares (por ejemplo, el apartamento)	Otro (por ejemplo, la libertad)
1.				
2.				
3.				
4.				
5.				
6.				
7.				
8.				
9.				
10.				
11.				
12.				

Por favor, reflexiona, explica y discute sobre lo que acabas de escribir.

____

____

____

____

____

____

____

____

____

____

____

____

CONFLICTOS Y DECISIONES

La adicción puede producir conflictos internos y entre personas. Debemos investigar las raíces de un conflicto y entender que proviene de muchas diferencias individuales. Debemos ser conscientes de nuestras necesidades y averiguar de verdad por qué tenemos un conflicto con nosotros y con otros. El conflicto nos anima a examinar los problemas sabiamente e inspira soluciones. El torbellino de nuestros valores, percepciones, deseos, ideas, moralidad, creencias, actitudes y tendencias es lo que facilita conflictos. Cuando tengamos un conflicto con otros tenemos que ser conscientes de nuestras emociones y comportamientos e intentar comprender las emociones y comportamientos de otros de manera calmada, relajada, consistente, justa y alerta. Debemos prestar atención a la comunicación no verbal y considerar soluciones en las que ambas partes ganan.

1. ¿Has recaído debido a un conflicto con una persona? (por ejemplo, tu pareja) SÍ / NO. Por favor, explícalo.

____

____

____

____

____

____

2. ¿Has recaído debido a un conflicto contigo mismo? (por ejemplo, contradicciones diarias, dificultades tomando decisiones) SÍ / NO. Por favor, explícalo.

____

____

____

____

____

3. ¿Te sientes incómodo, estresado o agitado cuando tienes un conflicto contigo mismo o con otros? SÍ / NO. Por favor, explícalo.

____

____

____

____

____

4. ¿Eres capaz de pensar en resultados positivos cuando tienes un conflicto con otros? SÍ / NO. Por favor, explícalo.

____

____

____

____

____

5. ¿Cómo resuelves un conflicto con alguien? ¿Escuchas de verdad? ¿Reflexionas en lo que se está diciendo o haciendo para resolver el conflicto? Por favor, explica cómo has resuelto un conflicto personal.

____

____

____

____

____

____

____

____

____

____

6. Cuando tienes un conflicto con otros, ¿aclaras, reconoces, discutes y estableces objetivos comunes beneficiosos para ambas partes? SÍ / NO. Por favor, ilústralo explicando un conflicto que hayas tenido.

____

____

____

____

____

____

7. ¿Eres capaz de identificar las barreras existentes para resolver un conflicto y ponerte de acuerdo sobre la mejor manera de resolverlo de manera positiva y calmada? SÍ / NO. Por favor, ilústralo explicando un conflicto que hayas tenido.

____

____

____

____

____

____

8. ¿Te harías responsable de un conflicto? SÍ / NO. Por favor, ilústralo explicando un conflicto que hayas tenido.

____

____

____

____

____

____

1. ¿Cómo eres de capaz de encontrar una SOLUCIÓN a un conflicto legalmente y sin usar drogas?

Por favor, rodea un número con un círculo

0	1	2	3	4	5	6	7	8	9	10

No soy capaz   **Extremadamente capaz**

Por favor, explica tu respuesta:

____

____

____

RELACIONES

Las relaciones son necesarias en nuestra sociedad. Las relaciones sanas juegan un gran papel en la prevención de recaídas. Puede que tengamos una relación sana con nosotros mismos, nuestra familia, nuestros colegas o nuestra pareja o no. Nuestras percepciones sobre nuestras relaciones sanas o perjudiciales pueden variar dependiendo de nuestro sistema de creencias y el nivel de aceptación o negación. Hay veces que las relaciones perjudiciales proporcionan cantidades suficientes de vergüenza, culpabilidad, frustración, dolor, resentimiento y molestia que abandonamos la recuperación y consideramos recaer. Una conexión sana entre dos personas debe basarse en respeto mutuo, confianza, lealtad, buena comunicación, honestidad y un sentido de identidad propia y atención.

1. En tu opinión, ¿qué es lo que hace que una relación sea sana? (por ejemplo, respeto mutuo)

____

____

____

2. En tu opinión, ¿qué es lo que hace que una relación sea perjudicial? (por ejemplo, intentar controlar o manipular otros)

____

____

____

3. ¿Qué es lo que hace que una relación romántica sea sana? Por favor, marca con una √ aquello con lo que estés de acuerdo.

Escribe otros

Justicia	Apoyo	Capacidad de expresarse	_______
Amor	Consistencia	Sin violencia	_______
Discusiones	Buena comunicación	Sentimiento de Seguridad	_______
Estrés mental	Sinceridad	Sin miedo	_______
Instigación	Honestidad	Aprecio	_______
Fastidiar	Respeto mutuo	Atención	_______
Cotilleo	Humor	Conexión	_______
Reaccionar en exceso	Sentido de identidad	Felicidad	_______
Silencio	Validación	Uso de drogas	_______

Por favor, discute tus selecciones con tu terapeuta o en grupo.

Por favor, indica si estás de acuerdo o no con las sentencias siguientes:

Cuando tengo una relación romántica

1.	Sólo me preocupo por mí mismo	DE ACUERDO	DISCREPO
2.	Me siento seguro y apreciado	DE ACUERDO	DISCREPO
3.	No me río mucho o me siento feliz	DE ACUERDO	DISCREPO
4.	Discuto semanalmente	DE ACUERDO	DISCREPO
5.	Uso drogas con mi pareja	DE ACUERDO	DISCREPO
6.	Normalmente intento controlar y manipular	DE ACUERDO	DISCREPO
7.	Siento presión para complacer a mi pareja constantemente	DE ACUERDO	DISCREPO
8.	No tengo privacidad	DE ACUERDO	DISCREPO
9.	Me siento controlado y victimizado	DE ACUERDO	DISCREPO
10.	No puedo trabajar o ser independiente	DE ACUERDO	DISCREPO
11.	Tengo acceso limitado a mi familia	DE ACUERDO	DISCREPO
12.	No tengo muchas amistades	DE ACUERDO	DISCREPO
13.	Me preocupa mi futuro	DE ACUERDO	DISCREPO
14.	No tomo demasiadas decisiones	DE ACUERDO	DISCREPO
15.	No tengo confianza en mi futuro	DE ACUERDO	DISCREPO
16.	Soy feliz	DE ACUERDO	DISCREPO
17.	Respeto a mi pareja	DE ACUERDO	DISCREPO
18.	Confío en mi pareja	DE ACUERDO	DISCREPO
19.	Soy leal a mi pareja	DE ACUERDO	DISCREPO
20.	Tengo amantes	DE ACUERDO	DISCREPO
21.	No confío en mi pareja	DE ACUERDO	DISCREPO
22.	Escondo mis drogas y alcohol para que mi pareja no las vea	DE ACUERDO	DISCREPO
23.	Me siento solo	DE ACUERDO	DISCREPO
24.	Estoy agobiado	DE ACUERDO	DISCREPO
25.	Cometo actos ilegales y me veo envuelto en el sistema legal	DE ACUERDO	DISCREPO

Por favor, discute tus selecciones con tu terapeuta o en grupo.

VIDA EQUILIBRADA

Una vida equilibrada es una vida bien vivida. Buscamos el equilibrio en tantos aspectos de nuestra vida porque queremos sentirnos libres de estrés y disfrutar de los elementos de este mundo con un mentalidad clara. Debemos examinar nuestra vida y entender completamente su patrón, propósito y dirección. Debemos estimar nuestros anhelos, planes y objetivos y reflexionar sobre cómo conseguirlos equilibrando fuerzas externas (trabajo, familia, amistades, responsabilidades) e internas (salud, mente, satisfacción, autopremio). El equilibrio da forma a la felicidad.

Debemos potenciarnos y motivarnos a nosotros mismos para poder vivir sin conflictos.
Olvida las preocupaciones y sigue dando alegría y armonía a tu vida.

1. ¿Está tu vida equilibrada? SÍ / NO. Por favor, explícalo.

____

____

____

____

____

2. ¿Cómo de equilibrado crees que está el tiempo que pasas con tu familia? ¿Crees que les dedicas el tiempo suficiente? SÍ / NO. Por favor, explícalo.

____

____

____

____

____

3. ¿Te dedicas a ti mismo el tiempo suficiente? SÍ / NO. Por favor, explícalo.

____

____

____

____

____

4. ¿Cómo te motivas a ti mismo?

____

____

____

____

____

____

5. ¿Qué debes hacer para equilibrar tu vida?

____

____

____

____

____

6. ¿Qué actividades debes disminuir o aumentar para poder encontrar el equilibrio en tu vida? Por favor, explícalo.

____

____

____

____

7. ¿Qué puedes hacer en una semana para iniciar el proceso de equilibrar tu vida?

____

____

____

____

____

8. ¿Eres capaz de conectar contigo mismo y disfrutar la vida? SÍ / NO. Por favor, explícalo.

____

____

____

____

9. ¿Quién puede ayudarte a encontrar equilibrio en tu vida?

____

____

10. Nombra al menos 5 maneras sanas de aumentar el equilibrio en tu vida.

1. _______________________________________

2. _______________________________________

3. _______________________________________

4. _______________________________________

5. _______________________________________

11. ¿Cómo es de EQUILIBRADA tu vida hoy?

Por favor, redondea un número con un círculo

0	**1**	**2**	**3**	**4**	**5**	**6**	**7**	**8**	**9**	**10**
No está equilibrada					Medio equilibrada					Extremadamente equilibrada

Por favor, explica tu respuesta:

____

____

____

____

____

LA CONCIENCIA PLENA ES AHORA

La conciencia plena es el estado de ser consciente y estar completamente despierto y plenamente atento a los elementos internos y externos del momento presente. Cuando nos despertamos de nuestra vida diaria automática, empezamos a vivir en lo que parece ser una dimensión surreal de la realidad. Entendemos y apreciamos la interconexión de todo sin juzgar o dejarnos engañar por las distracciones de la vida (política, deportes, religión organizada). Somos perceptivos y somos la percepción del momento presente. Cuando alcanzamos una aproximación a la vida de acuerdo a una conciencia plena sublime, experimentamos una gran libertad y calidad de vida. Dejamos de estar condicionados a actuar y reaccionar con el piloto automático. Tomamos decisiones más sabias porque estamos despiertos. La práctica de la conciencia plena nos asiste a identificar e incrementar la conciencia de comportamientos impulsivos, automáticamente destructivos, adictivos y arriesgados.

1. ¿Eres consciente de comportamientos manipulativos, destructivos y de alto riesgo que pueden conducirte a recaer? SÍ / NO. Por favor, explícalo.

____

____

____

____

____

2. ¿Decides de manera automática e impulsiva cuando decides tomar drogas y/o alcohol? SÍ / NO. Por favor, explícalo.

____

____

____

____

3. ¿Eres capaz de detener, reconocer y desafiar experiencias emocionales y físicas que pueden conducir a una recaída? SÍ / NO. Por favor, explícalo.

____

____

____

____

____

4. ¿Eres capaz de detenerte, reconocer, entender y no juzgarte a ti mismo y a tus experiencias? SÍ / NO. Por favor, explícalo.

____

____

____

____

____

5. ¿Eres siempre consciente de tus emociones, reacciones y comportamientos? SÍ / NO. Por favor, explícalo.

____

____

____

____

____

____

6. ¿Qué deberías hacer para mantenerte concentrado y atento en tu recuperación?

____

____

____

____

____

____

7. ¿Cómo estás de plenamente consciente AHORA mismo?

Por favor, rodea un número con un círculo

0	1	2	3	4	5	6	7	8	9	10

Nada de nada   **Extremadamente**

Por favor, explica tu respuesta:

____

____

____

Por favor,

marca con un círculo

	SÍ	NO
8. ¿Te resulta difícil prestar atención a las cosas que dices o haces?	SÍ	NO
9. ¿Has recaído debido a tus decisiones impulsivas?	SÍ	NO
10. ¿Te resulta difícil prestar atención cuando estás haciendo tareas?	SÍ	NO
11. ¿Haces varias cosas a la vez?	SÍ	NO
12. ¿Actúas antes de pensar en las consecuencias?	SÍ	NO
13. ¿Te preocupa el futuro o el pasado?	SÍ	NO
14. ¿Tiendes a olvidar responsabilidades diarias?	SÍ	NO
15. ¿Te resulta difícil disfrutar del momento actual?	SÍ	NO
16. ¿Te diviertes con tus amigos?	SÍ	NO
17. ¿Puedes relajarte?	SÍ	NO
18. ¿Te distraen fácilmente los medios de comunicación?	SÍ	NO
19. ¿Te olvidas a veces de tu recuperación?	SÍ	NO
20. ¿Te dejas influenciar fácilmente por otros?	SÍ	NO
21. ¿Has recaído debido a presión de grupo?	SÍ	NO
22. ¿Intentas disfrutar de cada momento del día?	SÍ	NO
23. ¿Estás atento a lo que está sucediendo AHORA?	SÍ	NO

Por favor, reflexiona, explica y discute tus respuestas.

____

____

____

____

____

____

____

____

TOMANDO DECISIONES

Cualquier decisión que tomamos es al fin y al cabo nuestra decisión. Todos los días tomamos decisiones buenas o malas. Cada mañana decidimos continuar con nuestra rutina diaria o hacer algo diferente. A veces decidimos cosas sin pensar mucho y a veces nos detenemos y pensamos en lo que sería la mejor decisión. Nos podemos mover automáticamente como cualquier otro día o podemos reflexionar en la decisión que hay que tomar. La toma de decisiones se puede facilitar a través de experiencias emocionales, físicas o espirituales, considerando opciones y consecuencias, percibiendo los pros y los contras, adquiriendo conocimiento pensando en todo tipo de posibilidades, revisando, describiendo, planificando y por medio de valores, necesidades, actitudes y comportamientos.

12. Has decidido permanecer concentrado en tu recuperación. ¿Qué hizo que tomar esta decisión fuera **NECESARIO** para ti? Por favor, explica tu respuesta.

____

____

____

____

____

13. Has decidido perseguir to objetivos, deseos y sueños personales con una mente clara y concentrarte en tu recuperación. ¿Cuáles son los **BENEFICIOS** de esta decisión? Por favor, explica tu respuesta.

____

____

____

____

____

14. ¿Cuál fue tu decisión más difícil cuando estabas tomando drogas o alcohol? ¿Cuáles fueron las **CONSECUENCIAS**? Por favor, explica tu respuesta.

____

____

____

____

____

15. ¿Cuál fue tu decisión más irracional cuando estabas tomando drogas o alcohol?
¿Cuáles fueron las **CONSECUENCIAS**? Por favor, explica tu respuesta.

____

____

____

____

____

____

16. Por favor, escribe siete decisiones que tomaste cuando estabas usando drogas o
alcohol y cómo **AFECTARON** tu vida.

1.____

2.____

3.____

4.____

5.____

6.____

7.____

17. ¿Habrías tomado las mismas decisiones de haber estado **SOBRIO**? Por favor,
explícalo.

____

____

____

____

____

____

____

18. Por favor, escribe siete decisiones que tomaste cuando estabas usando drogas o
alcohol que resultaron en consecuencias que **NO ESPERABAS**. Por favor, explícalo.

1.____

2.____

3.____

4.____

5.____

6.____

7.____

19. ¿Habrías tomado las mismas decisiones de haber estado **SOBRIO**? Por favor,
explícalo.

____

____

____

____

____

20. ¿Cuántas veces tus decisiones **IMPULSIVAS** han resultado en recaídas? Por favor,
explícalo.

____

____

____

____

____

21. ¿Cuántas veces tus decisiones **BIEN PENSADAS** han resultado en recaídas? Por
favor, explícalo.

____

____

____

____

____

22. ¿Cuáles son los **PROS y los CONTRAS** de tomar una decisión después de considerar cuidadosamente las consecuencias? Por favor, explícalo.

____

____

____

____

____

23. *¿Cómo tomas una decisión?* Escribe un ejemplo de una decisión que hayas tomado hoy y explica detalladamente por qué y cómo llegaste a tomarla. Por favor, escribe las consecuencias de tu decisión, pros y contras y alternativas posibles.

____

____

____

____

____

____

____

24. ¿Cómo eres de capaz de tomar decisiones **SABIAS** y beneficiosas?

Por favor, rodea un número con un círculo

0	1	2	3	4	5	6	7	8	9	10

No soy
capaz

Extremadamente
capaz

Por favor, explica tu respuesta.

____

____

____

____

____

____

____

RESOLVIENDO PROBLEMAS

Durante nuestras vidas nos enfrentaremos a problemas. A veces serán pequeños y a veces, impensables. Los problemas existen y somos capaces de resolver un problema identificando primero sus síntomas, buscando información acerca del problema, pensando en soluciones, escogiendo la solución más beneficiosa, visualizando y refinando un plan de acción, revisando la propuesta de resolución y ejecutando la solución más positiva.

1. ¿Cuándo se convierte un **SÍNTOMA** de un problema en un problema propiamente dicho? (por ejemplo, un síntoma podría ser considerar el uso de drogas).

____

____

____

____

2. ¿Eres capaz de entender síntomas de tus problemas personales antes de que se sean **IMPOSIBLES DE GESTIONAR**? Por favor, describe un problema que hayas tenido y cómo lo manejaste.

____

____

____

____

3. Normalmente, ¿**RESUELVES** tus problemas tú mismo o pides ayuda? Por favor, explícalo usando un ejemplo de un problema al que estás enfrentando en la actualidad.

____

____

____

____

4. ¿**MINIMIZAS** tus problemas? ¿Haces tus problemas más pequeños de lo que? SÍ / NO. Por favor, explícalo.

____

____

____

5. Por favor, enumera cinco **PROBLEMAS** causados por tu adicción.

1.____

2.____

3.____

4.____

5.____

6. Por favor, escribe 4 maneras en las que trataste de **CONVENCER** a otros que no tenías problemas con drogas o alcohol.

1.____

2.____

3.____

4.____

7. ¿Eres consciente **AHORA** del impacto de los problemas causados por tu adicción y el efecto que tuvieron en ti y en la gente a la que le importas? SÍ / NO. Explica detalladamente el impacto de los problemas causados por tu adicción.

____

____

____

____

25. ¿Cómo eres de capaz de resolver tus problemas sin salirte de la ley o sin usar drogas?

Por favor, redondea un número con un círculo

0	**1**	**2**	**3**	**4**	**5**	**6**	**7**	**8**	**9**	**10**
No soy capaz										**Extremadamente capaz**

Por favor, explica tu respuesta:

____

____

____

____

VIAJE ESPIRITUAL

La manera en la que vemos nuestra propia existencia en el universo es lo que nos hace conscientes de nuestras acciones y reacciones a todo. Nuestra existencia física reinventa constantemente su tiempo y conecta nuestros cuerpos y almas al universo. Somos la energía que usa el universo para evolucionar mágica y pacientemente a través nuestro. Nuestros cuerpos son un proceso que nunca está quieto y nuestras almas son naves que buscan sabiduría conectando y sintiendo el mundo física, social, emocional y espiritualmente.

Nuestras almas animan constantemente nuestros cuerpos y buscan equilibrio, harmonía, significado, serenidad, propósito, autoactualización y satisfacción. Somos la consciencia plena que trae el cambio al abandonar nuestras viejas creencias limitadas. Meditamos y buscamos un cambio positivo dentro de nosotros mismos al aceptar nuestro cuerpo y alma hacia un despertar de compasión, empatía, bondad y amor. Somos almas que usan cuerpos. Pertenecemos a dimensiones multi-nivel del universo.

¿Cómo ves tu propia existencia espiritual en el universo?
Por favor, redondea un número con un círculo.

0	1	2	3	4	5	6	7	8	9	10

No la veo   Extremadamente

Algunos Principios Espirituales:

- Honestidad
- Aceptación
- Rendición
- Aceptación de un desafío

- Gratitud
- Perdón
- Paciencia
- Vivir simplemente

- Tolerancia
- Dar más
- Aceptando menos
- Vivir humildemente

- Amor
- Cuidado de otros
- Compasión
- Autoactualización

1. ¿Qué crees que da significado a tu vida?

____

____

____

____

____

2. ¿Te consideras espiritual? SÍ / NO. Por favor, explícalo.

____

____

____

3. Si ASÍ ES, ¿cómo son de importantes tus creencias? Por favor, explícalo.

____

____

4. ¿Has tenido alguna vez un despertar espiritual? SÍ / NO. Por favor, descríbelo.

____

____

5. ¿Hablas de espiritualidad o religión con alguien? SÍ / NO. ¿Si así es, con quién y cuándo?

____

____

6. ¿Crees que las prácticas espirituales y religiosas mejoran el funcionamiento del cerebro de modo que, a su vez, mejoran la salud física y emocional? SÍ / NO. Por favor, explícalo.

____

____

____

7. ¿Crees que la contemplación de Dios y otros valores espirituales despierta nuestra consciencia y mejora las percepciones sensoriales sobre uno mismo? SÍ / NO. Por favor, explícalo.

____

____

____

8. Piensa en tu cuerpo y en su funcionamiento. Describe una enfermedad física que hayas sufrido y los eventos que ocurrieron a continuación.

____

____

____

9. ¿Acudes a grupos de autoayuda como AA o NA y practicas los 12 Pasos de recuperación? SÍ / NO. Por favor, explícalo.

____

____

____

____

10. ¿Eres consciente del impacto de tu adicción en tu cuerpo, mente y alma? SÍ / NO Por favor, explícalo.

____

____

____

____

11. ¿Eres capaz de practicar meditación de conciencia plena poniendo a un lado los pensamientos sobre el pasado y el futuro y permaneciendo en el momento presente? SÍ / NO. Por favor, explícalo.

____

____

____

____

12. ¿Estás interesado en aprender más sobre técnicas de meditación y relajación? SÍ / NO. Si así es, explica lo beneficioso que sería para ti saber más de estas técnicas.

____

____

____

____

Habla con tu psicoterapeuta de maneras de obtener información y aprender más sobre técnicas de meditación y relajación. Disfrutarás de una experiencia única de autorreflexión al limpiar tu mente de pensamientos acumulados. La mente, el alma y el cuerpo están diseñados para estar en armonía entre sí y a través de la meditación podemos viajar a un estado de consciencia plena de una manera clara, más sabia, concentrada y profunda.

PALABRAS Y ACCIONES

No tengas miedo de la vida. Cree siempre en ti mismo.
Pensé en este dicho al dar forma a muchos de mis pensamientos, acciones y actitudes. Mi voz interior se hizo más confiada y me aseguró de que merece la pena vivir la vida. Debemos apreciar una vida de valor, confianza, determinación, coraje, virtud y entender que el miedo está ahí para conquistarlo. El miedo puede convertirse en el mejor abono para intensificar nuestro éxito personal.

Podemos conquistar nuestros miedos y lo conseguiremos CREYENDO en nosotros mismos y CONOCIÉNDONOS a nosotros mismos.

SÉ COMO EL AGUA

El agua no lucha para encontrar su camino pero encuentra su camino. Si dejas caer una botella de agua abierta en el suelo, el agua no romperá el suelo. El agua irá alrededor de todo lo que encuentre y se meterá donde pueda meterse hasta que encuentra su destino de manera suave y calmada.

Ajustarse a todo es una experiencia sublime. Aceptando primero que la vida no es justa es una conciencia verdadera. Decidir hacerse parte de tus planos o destino es un entendimiento genuino del propósito de tu vida. El aumentar la Auto-responsabilidad ayuda a dominar y adquirir la autodeterminación. Eres la forma de tus pensamientos y tus acciones son el resultado de ese proceso. La transformación de tu caparazón se llama Recuperación. La recuperación sucederá si dejas que suceda. Es tu decisión. Basta de echar la culpa, de poner excusas, de negarte, de justificar, de racionalizar o de minimizar. Basta de falsedades o mentiras. Basta de sabotear tu vida. Concéntrate en tu recuperación y aplica lo que sabes que te beneficia.

LO QUE ERES Y LO QUE DEBERÍAS SER

Somos lo que pensamos y nuestros pensamientos pueden resultar creíbles a nosotros mismos y a otros. Tenemos unos planos que seguir y determinar dónde debería ir nuestra vida. Debemos ver nuestras vidas no como una idea de vivir sino como una realidad que conseguir. Nuestros sueños, planes y objetivos tienen más razones para que los persigamos que para que dejemos que se vayan. Debemos aceptar principios básicos y creer profundamente en nosotros.

CAMBIO

No siempre queremos, aceptamos o respetamos el cambio. Debemos conectar con nuestras emociones para poder entender nuestras acciones y modificar nuestros comportamientos. No podemos ignorar nuestras necesidades para evitar cambiar nuestros comportamientos destructivos. No debemos olvidar la ejecución del perdón para evitar el cambio. El cambio es lo que nos conecta al universo y somos parte de ello. Acepta y entiende que el cambio es un elemento beneficioso en tu vida.

EL OTRO

Somos capaces de ser al menos dos personajes. Podemos ser el mejor, el que está sobrio y concentrado en ser un miembro sano y productivo de la sociedad o podemos ser el otro, el que vive para su adicción y los demonios irresponsables y autodestructivos.

Engañar y fingir pueden conllevar medios intencionales de desinformación y luego hacerte recaer. Sabes cuando mientes a otros y cuando te mientes solamente a ti mismo. Sabes quién eres cuando estás acompañado y cuando estás solo, ¿verdad?

Algunas personas van por la vida por interpretación y otros por situación. Piensa en quién eres cuando tomas drogas y alcohol. Piensa en quién eres cuando estás sobrio y concentrado en tu recuperación. ¿Eres la misma persona? SÍ / NO.

1. ¿Quién eres cuando estás bajo la influencia de drogas o alcohol? ¿Eres el individuo autodestructivo al que no le importa nadie ni nada excepto el sujeto de su adicción y obsesión? SÍ / NO / A VECES. Por favor, explícalo.

____

____

____

____

2. ¿Has robado cuando estabas bajo la influencia de drogas o alcohol? SÍ / NO. Por favor, explícalo.

____

____

____

____

____

____

3. Por favor, explica cómo cambia tu personalidad cuando estás bajo la influencia de drogas o alcohol. ¿Qué eres capaz de hacer cuando estás bajo la influencia de sustancias?

____

____

____

____

____

____

4. ¿Te ha resultado difícil alguna vez recordar eventos después de estar bajo la influencia de drogas o alcohol? SÍ / NO. Por favor, explícalo.

5. ¿Quieres permanecer sobrio y concentrarte en tu recuperación? SÍ / NO. ¿Por qué?

6. ¿Qué tienes que hacer para permanecer como lo mejor de **TI**, es decir, sobrio y concentrado en ser un miembro sano y productivo de la sociedad?

7. Explica una situación que provocó la aparición de la personalidad autodestructiva.

8. Explica una posible situación que pueda provocar la aparición de la personalidad autodestructiva AHORA.

____

____

____

____

9. ¿Cómo es de difícil permanecer como lo mejor de ti? (SOBRIO) Por favor, rodea un número con un círculo.

0	**1**	**2**	**3**	**4**	**5**	**6**	**7**	**8**	**9**	**10**
No es difícil										**Extremadamente difícil**

Por favor, explica tu respuesta.

____

____

____

____

10. ¿Cuántas veces has recaído? Por favor, rodea un número con un círculo.

0	**1**	**2**	**3**	**4**	**5**	**6**	**7**	**8**	**9**	**10**	**+**

Por favor, explica tu respuesta.

____

____

____

____

11. ¿A cuántos programas de desintoxicación has acudido en tu vida? Por favor, rodea un número con un círculo.

0	**1**	**2**	**3**	**4**	**5**	**6**	**7**	**8**	**9**	**10**	**+**

12. ¿Cuándo fue la última vez que acudiste a un programa de desintoxicación? Por favor, explícalo.

____

____

____

____

PROS Y CONTRAS DE USAR DROGAS Y ALCOHOL

Por favor, escribe los pros y los contras de usar drogas y alcohol.

	PROS (por ejemplo, siento paz)	*CONTRAS* (por ejemplo, me siento enfermo)
1.		
2.		
3.		
4.		
5.		
6.		
7.		
8.		
9.		
10.		
11.		
12.		

Por favor, reflexiona, resume y explica los pros y los contras.

____

____

____

____

____

____

____

____

____

____

____

CUANDO ESTOY SOBRIO, ME GUSTA...

Por favor, completa las frases siguientes con tus comportamientos, acciones, sentimientos, actitudes, percepciones, sistema de creencias, personalidad, moralidad y otras características que te gustan cuando estás sobrio.

Cuando estoy sobrio, me gusta ____

Cuando estoy sobrio, me gusta ____

Cuando estoy sobrio, me gusta ____

Cuando estoy sobrio, me gusta ____

Cuando estoy sobrio, me gusta ____

Cuando estoy sobrio, me gusta ____

Cuando estoy sobrio, me gusta ____

Cuando estoy sobrio, me gusta ____

Cuando estoy sobrio, me gusta ____

Cuando estoy sobrio, me gusta ____

Cuando estoy sobrio, me gusta ____

Cuando estoy sobrio, me gusta ____

Cuando estoy sobrio, me gusta ____

Cuando estoy sobrio, me gusta ____

Cuando estoy sobrio, me gusta ____

Cuando estoy sobrio, me gusta ____

Cuando estoy sobrio, me gusta ____

Cuando estoy sobrio, me gusta ____

Cuando estoy sobrio, me gusta ____

Cuando estoy sobrio, me gusta ____

Cuando estoy sobrio, me gusta ____

Cuando estoy sobrio, me gusta ____

Cuando estoy sobrio, me gusta ____

Cuando estoy sobrio, me gusta ____

Cuando estoy sobrio, me gusta ____

Cuando estoy sobrio, me gusta ____

CUANDO ESTOY SOBRIO, DISFRUTO DE...

Por favor, completa las frases siguientes con tus comportamientos, acciones, sentimientos, actitudes, percepciones, sistema de creencias, personalidad, moralidad y otras características de las que disfrutas cuando estás sobrio.

Cuando estoy sobrio, disfruto de_______________________________________

Cuando estoy sobrio, disfruto de_______________________________________

Cuando estoy sobrio, disfruto de_______________________________________

Cuando estoy sobrio, disfruto de_______________________________________

Cuando estoy sobrio, disfruto de_______________________________________

Cuando estoy sobrio, disfruto de_______________________________________

Cuando estoy sobrio, disfruto de_______________________________________

Cuando estoy sobrio, disfruto de_______________________________________

Cuando estoy sobrio, disfruto de_______________________________________

Cuando estoy sobrio, disfruto de_______________________________________

Cuando estoy sobrio, disfruto de_______________________________________

Cuando estoy sobrio, disfruto de_______________________________________

Cuando estoy sobrio, disfruto de_______________________________________

Cuando estoy sobrio, disfruto de_______________________________________

Cuando estoy sobrio, disfruto de_______________________________________

Cuando estoy sobrio, disfruto de_______________________________________

Cuando estoy sobrio, disfruto de_______________________________________

Cuando estoy sobrio, disfruto de_______________________________________

Cuando estoy sobrio, disfruto de_______________________________________

Cuando estoy sobrio, disfruto de_______________________________________

Cuando estoy sobrio, disfruto de_______________________________________

Cuando estoy sobrio, disfruto de_______________________________________

Cuando estoy sobrio, disfruto de_______________________________________

Cuando estoy sobrio, disfruto de_______________________________________

Cuando estoy sobrio, disfruto de_______________________________________

Cuando estoy sobrio, disfruto de_______________________________________

Cuando estoy sobrio, disfruto de_______________________________________

Cuando estoy sobrio, disfruto de_______________________________________

CUANDO ESTOY SOBRIO, SÉ QUE...

Por favor, completa las frases siguientes con tus comportamientos, acciones, sentimientos, actitudes, percepciones, sistema de creencias, personalidad, moralidad y otras elementos que entiendes estás sobrio.

Cuando estoy sobrio, sé que____

Cuando estoy sobrio, sé que____

Cuando estoy sobrio, sé que____

Cuando estoy sobrio, sé que____

Cuando estoy sobrio, sé que____

Cuando estoy sobrio, sé que____

Cuando estoy sobrio, sé que____

Cuando estoy sobrio, sé que____

Cuando estoy sobrio, sé que____

Cuando estoy sobrio, sé que____

Cuando estoy sobrio, sé que____

Cuando estoy sobrio, sé que____

Cuando estoy sobrio, sé que____

Cuando estoy sobrio, sé que____

Cuando estoy sobrio, sé que____

Cuando estoy sobrio, sé que____

Cuando estoy sobrio, sé que____

Cuando estoy sobrio, sé que____

Cuando estoy sobrio, sé que____

Cuando estoy sobrio, sé que____

Cuando estoy sobrio, sé que____

Cuando estoy sobrio, sé que____

Cuando estoy sobrio, sé que____

Cuando estoy sobrio, sé que____

Cuando estoy sobrio, sé que____

Cuando estoy sobrio, sé que____

CUANDO USO DROGAS, YO....

Por favor, completa las frases siguientes con tus comportamientos, acciones, sentimientos, actitudes, percepciones, sistema de creencias, personalidad y moralidad que te afectaron cuando estabas bajo la influencia de drogas.

Cuando uso drogas, yo____

Cuando uso drogas, yo____

Cuando uso drogas, yo____

Cuando uso drogas, yo____

Cuando uso drogas, yo____

Cuando uso drogas, yo____

Cuando uso drogas, yo____

Cuando uso drogas, yo____

Cuando uso drogas, yo____

Cuando uso drogas, yo____

Cuando uso drogas, yo____

Cuando uso drogas, yo____

Cuando uso drogas, yo____

Cuando uso drogas, yo____

Cuando uso drogas, yo____

Cuando uso drogas, yo____

Cuando uso drogas, yo____

Cuando uso drogas, yo____

Cuando uso drogas, yo____

Cuando uso drogas, yo____

Cuando uso drogas, yo____

Cuando uso drogas, yo____

Cuando uso drogas, yo____

Cuando uso drogas, yo____

Cuando uso drogas, yo____

Cuando uso drogas, yo____

Cuando uso drogas, yo____

CUANDO BEBO ALCOHOL, YO...

Por favor, completa las frases siguientes con tus comportamientos, acciones, sentimientos, actitudes, percepciones, sistema de creencias, personalidad y moralidad que te afectaron cuando estabas bajo la influencia del alcohol.

Cuando bebo alcohol, yo____

Cuando bebo alcohol, yo____

Cuando bebo alcohol, yo____

Cuando bebo alcohol, yo____

Cuando bebo alcohol, yo____

Cuando bebo alcohol, yo____

Cuando bebo alcohol, yo____

Cuando bebo alcohol, yo____

Cuando bebo alcohol, yo____

Cuando bebo alcohol, yo____

Cuando bebo alcohol, yo____

Cuando bebo alcohol, yo____

Cuando bebo alcohol, yo____

Cuando bebo alcohol, yo____

Cuando bebo alcohol, yo____

Cuando bebo alcohol, yo____

Cuando bebo alcohol, yo____

Cuando bebo alcohol, yo____

Cuando bebo alcohol, yo____

Cuando bebo alcohol, yo____

Cuando bebo alcohol, yo____

Cuando bebo alcohol, yo____

Cuando bebo alcohol, yo____

Cuando bebo alcohol, yo____

Cuando bebo alcohol, yo____

Cuando bebo alcohol, yo____

CUANDO BEBO ALCOHOL Y USO DROGAS, YO…

Por favor, completa las frases siguientes con tus comportamientos, acciones, sentimientos, actitudes, percepciones, sistema de creencias, personalidad y moralidad que te afectaron cuando estabas bajo la influencia de drogas y alcohol.

Cuando bebo Alcohol y uso Drogas, yo ______________________________________

Cuando bebo Alcohol y uso Drogas, yo ______________________________________

Cuando bebo Alcohol y uso Drogas, yo ______________________________________

Cuando bebo Alcohol y uso Drogas, yo ______________________________________

Cuando bebo Alcohol y uso Drogas, yo ______________________________________

Cuando bebo Alcohol y uso Drogas, yo ______________________________________

Cuando bebo Alcohol y uso Drogas, yo ______________________________________

Cuando bebo Alcohol y uso Drogas, yo ______________________________________

Cuando bebo Alcohol y uso Drogas, yo ______________________________________

Cuando bebo Alcohol y uso Drogas, yo ______________________________________

Cuando bebo Alcohol y uso Drogas, yo ______________________________________

Cuando bebo Alcohol y uso Drogas, yo ______________________________________

Cuando bebo Alcohol y uso Drogas, yo ______________________________________

Cuando bebo Alcohol y uso Drogas, yo ______________________________________

Cuando bebo Alcohol y uso Drogas, yo ______________________________________

Cuando bebo Alcohol y uso Drogas, yo ______________________________________

Cuando bebo Alcohol y uso Drogas, yo ______________________________________

Cuando bebo Alcohol y uso Drogas, yo ______________________________________

Cuando bebo Alcohol y uso Drogas, yo ______________________________________

Cuando bebo Alcohol y uso Drogas, yo ______________________________________

Cuando bebo Alcohol y uso Drogas, yo ______________________________________

Cuando bebo Alcohol y uso Drogas, yo ______________________________________

Cuando bebo Alcohol y uso Drogas, yo ______________________________________

Cuando bebo Alcohol y uso Drogas, yo ______________________________________

Cuando bebo Alcohol y uso Drogas, yo ______________________________________

DUELO Y PÉRDIDA

La vida nos trae a veces un dolor inimaginable debido al duelo y la pérdida de algo o alguien. Podemos perder a un ser querido, una relación íntima, una mascota, un amigo, un trabajo, una pareja, nuestra propia salud o algo o alguien que nos importa. Podemos sentirnos deprimidos ansiosos y como en un sueño. Podemos evitar sentimientos de tristeza y desesperación tomando el camino de la negación, que puede resultar en abuso de sustancias, enfermedad mental y problemas de salud. Nos abandonamos a nosotros mismos y a otros y ponemos en duda nuestra forma de ser mental y espiritualmente. Podemos sentirnos perdidos en la dimensión de la rueda de la magia, comprobar los límites de la cordura y nuestra capacidad para permanecer humanos.

La pérdida puede cambiar nuestra manera de pensar y generar emociones y reacciones físicas que nunca hemos sentido hasta ese momento.

El duelo es una reacción natural a la pérdida. El duelo puede arrebatarnos nuestro sentido de pertenecer a algo o a alguien y podemos sentirnos tristes, asustados y solos. La gente sufre el dolor de manera distinta, dependiendo de las experiencias en sus vidas, de su personalidad, de su fe, de los métodos para sobreponerse que hayan aprendido, de su sistema de apoyo, del tipo de pérdida y de otros factores.

Cualquier pérdida puede causar dolor, incluyendo:

- Muerte de un ser querido
- Pérdida de una relación
- Pérdida de la propia salud física o mental
- Pérdida de trabajo o puesto laboral
- Pérdida de estabilidad económica
- Pérdida de posesiones o propiedad
- Pérdida de un lugar querido u hogar estable
- Pérdida de un hijo que se va de casa

- Una herida o discapacidad
- Pérdida de un amigo
- Pérdida de un estilo de vida
- Aborto espontáneo
- Pérdida de un plan o sueño
- Pérdida de seguridad
- Pérdida de fe
- Otro__________________

Al sufrir el dolor aceptamos naturalmente la pérdida y sanamos expresando nuestros sentimientos y utilizando nuestro sistema de apoyo. No tengas miedo de pedir ayuda. No aguantes las lágrimas. Tienes que sentir para poder sanar.

Debemos comenzar el proceso de curación reconociendo las raíces del dolor y conquistando el abismo del sufrimiento.

La muerte de un ser querido puede forzarte a considerar tus propios sentimientos acerca de la mortalidad. El dolor y la pérdida son personales y debemos entender nuestras emociones, buscar nuestro sistema de apoyo y sentir el proceso natural de curación sin resistencia ni retraso.

1. Por favor, reflexiona en lo que has perdido y a quién has perdido durante tu vida.

____

____

____

____

____

____

____

2. Por favor, haz una lista de las emociones, pensamientos y cambios corporales que has tenido desde tu pérdida.

____

____

____

____

____

____

3. ¿Cómo ha afectado tu pérdida a tu vida social?

____

____

____

4. ¿Cómo ha afectado tu pérdida tu Auto-respeto?

____

____

____

____

____

5. ¿Cómo ha afectado tu pérdida tu adicción?

6. ¿Cómo ha afectado tu pérdida a tus relaciones?

7. ¿Empezaste a usar drogas o alcohol debido a la muerte de un ser querido? SÍ / NO.
Por favor, explícalo.

8. ¿Has recaído o empezaste a usar drogas como consecuencia de pensamientos sobre
pérdidas? SÍ / NO. Por favor, explícalo.

MI FUTURO ME PERTENECE A MI

Resume tus planes y objetivos para mantener tu recuperación sana y salva y satisfacer tus necesidades.

PARA MEJORAR LA RELACIÓN CONMIGO MISMO

Voy a____

____

____

____

PARA ENCONTRAR EMPLEO O MANTENERME EMPLEADO

Voy a____

____

____

____

PARA ENCONTRAR ALOJAMIENTO O MANTENERME ALOJADO

Voy a____

____

____

____

PARA EDUCARME O APRENDER UN OFICIO

Voy a____

____

____

____

PARA MANEJAR IMPULSOS Y ANSIAS

Voy a____

____

____

____

PARA TENER O MANTENER UN MEDIO DE TRANSPORTE

Voy a____

____

____

PARA CONSEGUIR O MANTENER UNA RELACIÓN SANA CON MI FAMILIA

Voy a____

____

____

PARA CONSEGUIR O MANTENER UNA RELACIÓN SANA CON AMIGOS

Voy a____

____

____

PARA APRENDER MÁS SOBRE MI MISMO Y LA VIDA EN GENERAL

Voy a____

____

____

PARA DIVERTIRME Y DISFRUTAR DE LA VIDA SIN DROGAS NI ALCOHOL

Voy a____

____

____

PARA ACUDIR REGULARMENTE A GRUPOS DE AUTOAYUDA

Voy a____

____

____

PARA CONSEGUIR, MANTENER Y EXPANDIR UNA RED SOCIAL SANA

Voy a

PARA REDUCIR EL ESTRÉS

Voy a

PARA ELIMINAR EL CAOS EN MI VIDA

Voy a

PARA AUMENTAR LA RESPONSABILIDAD POR MIS ACCIONES

Voy a

PARA DETENERME UN MOMENTO ANTES DE REACCIONAR

Voy a

PARA RECONOCER LAPSUS, ANHELOS Y CAUSAS DE RECAÍDAS

Voy a____

____

____

____

Por favor, añade más.

PARA____

Voy a____

____

____

____

____

PARA____

Voy a____

____

____

____

PARA____

Voy a____

____

____

____

____

IDENTIFICANDO MIS PROBLEMAS Y HACIENDO MIS PROPIOS PLANES

	Describe síntomas de problemas / actitudes / adicciones / obsesiones / compulsiones y otras cosas que te gustaría cambiar	¿Cómo vas a resolver / cambiar / mejorar / eliminar / recuperar? ¿Haciendo qué? Objetivos a Corto Plazo	Periodo ¿Cuánto tiempo te llevará conseguir tus Objetivos a Corto Plazo?	¿Cómo vas a resolver / cambiar / mejorar / eliminar / recuperar? ¿Haciendo qué? Objetivos a Largo Plazo	Periodo ¿Cuánto tiempo te llevará conseguir tus Objetivos a Largo Plazo?
1.					
2.					
3.					
4.					
5.					
6.					
7.					

1. Por favor, explica los beneficios de tus objetivos a corto y a largo plazo y los logros actuales.

____

____

____

____

____

____

____

____

____

____

2. ¿A quién puedes pedir ayuda para conseguir tus objetivos?

____

____

____

____

¿Cómo estás de SEGURO de que conseguirás alcanzar tus objetivos a corto y a largo plazo?

Por favor, rodea un número con un círculo.

0	1	2	3	4	5	6	7	8	9	10
No estoy seguro										**Extremadamente seguro**

Por favor, explica tu respuesta.

____

____

____

____

____

AUTOCUIDADO

Cuidamos a otros y nos olvidamos fácilmente de nosotros mismos. El autocuidado es cuidado proporcionado por ti a ti mismo. Tienes que amar y cuidar tu ser antes de cuidar a cualquier otra persona. Tienes que identificar tus necesidades y deseos beneficiosos y cumplir tus deseos. Tienes que asegurarte a ti mismo que eres sano física, mental, emocional y espiritualmente.

Tienes que conectar con la naturaleza, escribir una carta a un ser querido, ir a un masajista, meditar en tu lugar favorito, hacer ejercicio frecuentemente, respirar aire fresco y limpio, escuchar música, ver una buena película, divertirte, mimarte a ti mismo con cosas que puedes permitirte, darte energía con una dieta equilibrada, dormir bien, echar una siesta y descansar tu cuerpo y mente, aprender algo nuevo y pasar tiempo con amigos de verdad que te hagan reír.

1. ¿Has abandonado tu autocuidado? SÍ / NO. Por favor, explícalo.

____

____

____

____

2. ¿Cuándo fue la última vez que hiciste algo por ti mismo? Por favor, explícalo.

____

____

____

____

3. ¿Te has ocupado más de otros y te has abandonado a ti mismo? SÍ / NO. Por favor, explícalo.

____

____

____

____

4. ¿Cómo crees que la adicción te impidió cuidarte a ti mismo?

____

____

____

____

5. ¿Qué puedes hacer para aumentar el autocuidado?

____

____

____

____

____

6. Por favor, haz una lista de la gente, cosas y lugares que te importan y explica por qué.

____

____

____

____

____

7. ¿Te has abandonado a ti mismo para poder ocuparte de otros? SÍ / NO. Por favor, explícalo.

____

____

____

8. ¿Cuándo fue la última vez que fuiste a tu médico de cabecera? _____________
9. ¿Cuándo fue la última vez que fuiste a tu dentista? _________________________
10. ¿Cuándo fue la última vez que te dieron un masaje? _______________________
11. ¿Cuándo fue la última vez que te mimaste a ti mismo? _____________________
12. ¿Cuándo fue la última vez que reíste y te divertiste? _______________________
13. ¿Cuándo fue la última vez que te sentiste satisfecho contigo mismo? _________
14. ¿Cuándo fue la última vez que te encantó ser tú? _________________________
15. ¿Cuándo fue la última vez que sonreíste a un extraño? _____________________
16. ¿Cuándo fue la última vez que pudiste relajarte y sentirte en paz? ___________
17. ¿Cuándo fue la última vez que tuviste sentimientos positivos sobre ti mismo?____

18. ¿Cuánto te quieres a ti mismo AHORA? Por favor, rodea un número con un círculo.

0	**1**	**2**	**3**	**4**	**5**	**6**	**7**	**8**	**9**	**10**	**+**

**No me quiero
ni me importo**

**Me quiero y me
importo extremadamente**

Por favor, reflexiona sobre tu respuesta.

____

____

____

CURANDO AL ESCRIBIR UN DIARIO

Te animo a que escribas un diario cada día. Escribir un diario tiene un efecto encantador.

La curación puede usar reflexiones y observaciones conscientes al buscar palabras para describir nuestros objetivos, fuerzas, debilidades, pensamientos, sentimientos, acciones y actitudes. Podemos escribir en un papel cosas acerca de nuestros dolores, ambiciones y sueños de manera agresiva, paciente o sensible. El papel acepta cualquier tipo de tinta de cualquier color. Podemos expresar nuestra capacidad de percibir y procesar nuestro ser interno al construir nuestra consciencia de las experiencias de la vida.
Podemos concretar ideas y reconstruir nuestra autoestima, autoconfianza y autodeterminación al reactivar recuerdos y recrear momentos positivos y menos positivos. Nos enseñaremos a nosotros mismos al escribir un diario. Podemos curar, aprender, organizar, transformar, cambiar, crear, meditar, recordar, imaginar, mejorar, construir, reconstruir y restaurar nuestras vidas al escribir un diario.

Mi Diario:

SÓLO PARA HOY / PLANIFICADOR DIARIO
Hoy es un buen día.

Fecha: _________________________ Hoy es: (rodea uno con un círculo)

LUNES / MARTES / MIÉRCOLES / JUEVES / VIERNES / SÁBADO / DOMINGO

Con tu planificador diario incluye si es posible cuándo, con quién, dónde por qué y cómo. NO te desvíes de tus planes diarios. Sigue siempre tus objetivos diarios.

1) ____

2) ____

3) ____

4) ____

5) ____

6) ____

7) ____

¿Qué objetivos conseguiste hoy? (rodea con un círculo) (1) (2) (3) (4) (5) (6) (7)

- ¿Qué hubieras hecho de otra manera? _________________________________

- ¿Seguiste tu planificador diario? SÍ / NO

- ¿Sentiste algún impulso o deseo de usar drogas o alcohol? SÍ / NO

- ¿Pudiste detenerte un momento antes de tomar decisiones? SÍ / NO

- ¿Aplicaste autocontrol? SÍ / NO

Comentarios: ____

____

¿Qué puntuación le darías a tu día? Por favor, rodea un número con un círculo.

0	1	2	3	4	5	6	7	8	9	10

Un Día Terrible   Un Día Genial

Reflexiona y escribe acerca de tus respuestas. Si es posible, discute tu planificador diario en grupo y con tu psicoterapeuta o patrocinador. Haz copias de esta hoja en blanco.

PLANIFICADOR MENSUAL – MIS OBJETIVOS

El mes de_______________________________________ **será un gran mes.**

Con tu planificador mensual incluye si es posible cuándo, con quién, dónde, por qué y cómo. NO te desvíes de tus planes mensuales. Sigue siempre tus objetivos mensuales. Márcate objetivos creíbles, tangibles y posibles.

Este mes voy a:

1) ____

2) ____

3) ____

4) ____

5) ____

6) ____

7) ____

8) ____

9) ____

10) ____

11) ____

12) ____

¿Qué objetivos conseguiste? (Rodea) (1) (2) (3) (4) (5) (6) (7) (8) (9) (10) (11) (12)

- ¿Qué hubieras hecho de manera diferente? ____________________________

- ¿Seguiste tu planificador mensual? SÍ / NO

- ¿Fuiste capaz de detenerte un momento antes de tomar decisiones? SÍ / NO

- ¿Aplicaste autocontrol? SÍ / NO

¿Qué puntuación le darías al mes? Por favor, rodea un número con un círculo.

0	1	2	3	4	5	6	7	8	9	10
Un Mes Terrible										Un Mes Genial

Reflexiona y escribe acerca de tus respuestas. Si es posible, discute tu planificador diario en grupo y con tu psicoterapeuta o patrocinador. Haz copias de esta hoja en blanco.

CONTRATO

Yo, ____, acuerdo no usar

drogas o alcohol y permanecer concentrado en mi recuperación.

______ (iniciales) Acuerdo cuidarme a mí mismo, comer bien y dormir lo suficiente cada

noche.

______ (iniciales) Acuerdo acudir grupos de autoayuda como AA/NA al menos una vez a la

semana.

______ (iniciales) Acuerdo usar mi apoyo social y los recursos de la comunidad.

______ (iniciales) Acuerdo ponerme en contacto social/familiar con los siguientes individuos:

____

____

____

______ (iniciales) Acuerdo que si lo estoy pasando mal y llego a un momento en el que puedo

usar drogas o alcohol, llamaré y me pondré en contacto significativo con cualquiera de

los siguientes individuos:

__________________________________ al: #________________________________

__________________________________ al #________________________________

__________________________________ al #________________________________

O, si no puedo ponerme en contacto con estos individuos, acudiré inmediatamente a un

grupo AA/NA.

______ (iniciales) Acuerdo que estas condiciones son importantes y merece la pena

seguirlas.

______ (iniciales) Acuerdo que este es un contrato que estoy dispuesto a seguir. Doy mi

palabra y mi honor que cumpliré este contrato.

Firmado____Fecha____________

Presenciado por____Fecha____________

CRÍTICAS

Por favor, mándame tus sugerencias, preguntas, observaciones y comentarios. Es posible que nos ayudes a mejorar publicaciones futuras. Estamos dispuestos a recibir críticas constructivas y apreciamos tu experiencia y percepción. Este cuaderno se diseñó para apoyar y promover la prevención de recaídas al descubrirnos a nosotros mismos. Siempre estará evolucionando y esperando sugerencias y descubrimientos nuevos.

Muchas gracias.

Por favor, ponte en contacto conmigo en mi dirección rlima001@gmail.com

¿Qué puntuación te merece este cuaderno? Por favor, rodea un número con un círculo

0	1	2	3	4	5	6	7	8	9	10
Terrible										Genial

Por favor, explica tu selección:

____

____

____

____

____

____

Sugerencias:

____

____

____

____

____

____

____

____

NOTAS